知的生きかた文庫

戦国武将の本当にあった怖い話

楠戸義昭

三笠書房

はじめに

心の底からゾッとする「歴史の見方」

「事実は小説よりも奇なり」という、イギリスの詩人・バイロンの言葉を待つまでもなく、過去の人物が描き出した真実は、「歴史小説」よりも不思議で、奥深く、面白くもある。

そして人間は誰もが心に深い闇《やみ》を抱く。その闇の深さが歴史の歯車を回す時、「ホラー小説」をはるかにしのぐ異常な〝景色〟を、この現実世界に刻んできた。

怖い！　歴史とは面白く、また実に怖いものといえる。

特に、死が常に目の前にぶら下がっていた戦国時代、歴史はいっそうの怖さをもって、過去を知りたいと思う人々に迫ってくる。

そんな戦国の怖さを描いたのが、本書である。

織田信長は比叡山《ひえいざん》を焼き討ちにし、一向宗《いっこう》門徒を皆殺しにした。そんなホロコースト（大量虐殺）を信長が断行するのは、自分が将軍にした足利義昭《あしかがよしあき》に裏切られ、信じきっていた浅井長政《あさいながまさ》に背《そむ》かれてからだ。やさしい一面も多分にあった信長の心に、怒りが燃え上がった時、信長は殺人を楽しむ独裁者へと変化した。

太閤秀吉も暴君だった。正室や愛妾《あいしょう》に限りなくやさしかった秀吉は、老いて、若い関白《かんぱく》秀次の女遊びに、遠い昔の自分を重ね合わせて嫉妬《しっと》した。罪のない秀次の妻妾たちは、それゆえに不条理にも虐殺される運命となった。

信長も、秀吉も、心の闇に芽生えた怒り・嫉妬から、社会を震撼《しんかん》させる悲劇を引き起こしたのである。

悲劇は連鎖し、新たな悲劇を招く。

福島正則の改易《かいえき》に秘められた謎……満天姫《まてひめ》の我が子毒殺を誘引する怖さは、家を重んじる当時の社会常識の中から起こった。

関ヶ原合戦下、石田三成方の娘たちが大垣城の天守閣で、生首を化粧した。その異常な情景に慣らされると、人は恐怖感をなくすと、生首を手にした娘は語る。だから人間の世の中は怖い。

落城は人々を極限に追いやる。

十三歳の少女は父を介錯《かいしゃく》し、その首を敵に投げつけた。滅亡に際して、城主夫人は息子や娘たちを刃《やいば》にかけ、城主は妻を殺した。一番大切なものの命を自ら奪う――これほど悲劇的な愛はない。だからまた戦国は怖いのである。

絵師・岩佐又兵衛は、源義経《みなもとよしつね》の母・常盤御前《ときわごぜん》の血に染まる悲惨な最期を、迫力ある筆致で絵巻物に仕上げた。その残酷美の中に、幼くして虐殺された母の面影を慕う、彼の心が隠されている。怨念が又兵衛を突き動かしたのである。

そして日本史上最大の死者を出した内戦、大坂夏の陣。この戦いを描く夏の陣図《ず》屏風《びょうぶ》も筆舌に尽くしがたい。

武将たちの戦争は庶民を巻き込み、男は首を討たれ、女は犯され、また身ぐるみを剥《は》がされた。川では多くが溺れ死んだ。すべてが終わった後に、十万余の屍《しかばね》が残された。まさに日本戦国版「ゲルニカの悲劇」である。

そうした「怖い話」十七編を集めてみた。

戦国を覆う武将たちの残虐で、無慈悲な行為も、実は「嫉妬」「焦り」「欲望」「怒り」といった、現在の私たちの誰もが持っている普遍的な感情が元になって生まれた悲劇なのだ。

そこにこそ〝真の恐怖〟があることをわかっていただければ、筆者として幸いである。

楠戸義昭

もくじ

はじめに――心の底からゾッとする「歴史の見方」 3
1 戦国のホロコースト――織田信長 11
2 妻子を殺した男――徳川家康 23
3 繰り返された悲劇――福島正則 35
4 暴君――豊臣秀吉 49
5 魔界京都の「戻り橋」――千利休 61
6 不運の魚津城――上杉景勝 73
7 磔にされた老母――明智光秀 85
8 父の介錯をした娘――黒木家永 97
9 外の敵、中の敵――丹羽長秀 111

10 落城の悲劇(1)――上野高徳 125
11 落城の悲劇(2)――別所長治 133
12 落城の悲劇(3)――柴田勝家 143
13 「おあむ物語」――石田三成 153
14 〝策謀〟の酒宴――黒田如水 167
15 亡霊の祟り――波多 親 179
16 溢れんばかりのエロス――岩佐又兵衛 193
17 「大坂夏の陣」のゲルニカ――豊臣秀頼 211

本文イラスト――茂本ヒデキチ

戦国のホロコースト 1

——織田信長

「一人の人間の死は悲劇である。だが数百万の人間の死は統計にすぎぬ」

旧ソ連で一国社会主義を樹立する一方で、反対派を大量処刑して粛清した独裁政治家、ヨシフ・スターリンのこの言葉にはドキリとさせられる。

また、フランスの英雄ナポレオン・ボナパルトは、こんな言葉を残している。

「オレのような人間は、百万人の生命を犠牲にするくらい、屁とも思っていない」

そして、ユダヤ人の大量虐殺「ホロコースト」を行ったアドルフ・ヒトラー。彼は、その際「我々は敵を絶滅する。根こそぎに、容赦なく、断固として」という言葉を掲げた。

一般的に「独裁者」と呼ばれる彼らのエピソードを聞いて、日本史では誰を連想するであろうか?

私が第一に連想するのは、織田信長である。

*

信長は天正三（一五七五）年五月、長篠の戦いで武田勝頼の強力な騎馬軍団を壊滅させると、越前一向一揆の掃討に乗り出した。三万余の兵を陸路と数百隻の水軍を使って海路からも越前へ攻め込ませた。一向一揆にひどい目に遭わされていた信長の制圧作戦は凄惨《せいさん》を極める。

柴田勝家、滝川一益《かずます》、明智光秀、羽柴秀吉ら、投入したフルメンバーの主要家臣に、信長は皆殺しを命じていた。

信長は、自ら現地に入って、かつて朝倉義景を滅ぼした時と同様に、府中（福井県越前市）の龍門寺城を本陣として指揮をとることにしたのである。

信長が敦賀《つるが》から府中に入ってくると、累々とした一揆軍の死体が横たわっていた。信長はその死体の続く町に、相好を崩した。

信長は、京都所司代の村井貞勝《さだかつ》に宛てた手紙で、こう書いている。

「越前一国を平定するように申しつけた。府中の町は死骸ばかりにて、一円空き所がない。そなたに見せたいものだ」

『信長公記《しんちょうこうき》』には、生け捕り、殺された男女の数は三万から四万人に及んだとあり、また『朝倉始末記』には、その残虐さが描かれている。

「嶺々谷々《みねみねたにだに》の岩の狭間まで尋ね捜し、妻子までも刺し殺し、あるいは手足に薪《まき》を結びつけて、火をつけて焼き殺し、また地をはわせ、穴を掘らせて生き埋めにした」

一揆の総大将・下間頼照《しもつまらいしょう》が逃亡中に見つかり、殺されて、その首が信長の元に届けられた際には、「まことに気分がすっきりした」と言ったというエピソードも残されている。

敵将をはじめとした果てしない首の数々が、信長には何よりの〝馳走《ちそう》〟だったのだ。

＊

信長は諸国を平定していく中で、すべての人間が自分の言うことを聞き、命令に服従することを求めた。彼は軍律を重んじ、上洛した際も、兵士が盗みや女性に暴行を働くなどの狼藉《ろうぜき》を一切禁じ、これを破る者は成敗した。

それは兵士たちだけでなく、自分に仕える者に対しても同じで、男女の区別なく厳正な規律を求めた。

足軽《あしがる》が通りかかった若い女をからかい、顔を隠した布を取って、女の顔を見ようとしたのを見つけた信長が、足軽につかつかと歩み寄り、一言も発せず、一刀の下に足軽の首をはねた、というエピソードもある。

また、信長が少しの風紀の乱れも許さなかったことは、竹生島参詣《ちくぶしまさんけい》の折の事件でも明白である。

安土城から天正九（一五八一）年四月、信長は馬で長浜に出て、そこから舟で奥琵琶湖に浮かぶ竹生島へ詣でた。片道、馬で十里、舟で五里あり、往復三十里、実に約百二十キロの距離があった。

信長がいると城内はピリピリしていた。だが不在になると皆はやれやれとくつろいだ。女房衆は「今日は帰るまい」と羽を伸ばした。本丸を出て二の丸の知人を訪ねる女房もいた。また安土城から山づたいに一時間ほど歩いた、繖山《きぬがさやま》（観音寺城）の山中に桑実寺《くわのみでら》という古刹《こさつ》があり、そこへ薬師参りに出かけた者も少なくなかった。

ところが信長はまだ日のあるうちに帰城したのだ。おそらく何らかの事情で気が変わり、竹生島へは渡らなかったのであろう。

信長は女房衆の多くが本丸におらず、出歩いていることに、烈火のごとく怒った。二の丸に行っていた女房たちはくくり縛りにされた。桑実寺に遠出していた女たちもつかまる。寺の住職が慈悲を願い出ると、「お前も同罪だ」と、女房もろとも住職まで斬り捨てた。

*

こうした中で、信長は比叡山延暦寺《ひえいざんえんりやくじ》に対して怒りを爆発させた。

比叡山は反信長の態度をあからさまには見せなかったが、明らかに朝倉・浅井連合軍に好意的だった。麓《ふもと》の下坂本《しもさかもと》に陣した連合軍を信長が攻めると、兵士は比叡山に逃げ登り、はちが峯・青山・局笠山《つぼかさやま》に陣を敷いた。

信長は山門の僧を招いて、こちらに味方すれば、奪った山門領は返還すると約束した。また山門側が一方に味方できないのなら、中立を守って欲しいと、朱印状《しゆいんじよう》まで出して要求した。そして要求を拒否するならば、山中すべてを焼き討ちにすると警告した。

これに対し比叡山は、平安京以来の聖域で仏法の根本道場を焼き討ちにすれば、災いは信長に降りかかる。祟《たた》りを恐れて焼き討ちなどできまいと高をくくっていた。

だが信長は神仏を恐れなかった。また彼の潔癖性は、比叡山の堕落（僧が修学を怠り、魚鳥なども食べていたという）を見過ごしはしなかった。

信長は比叡山を焼き討ちにし、山上にいる者は僧侶はもちろん女・童《わらべ》でも殺せと命じた。

信長三十八歳の元亀二（一五七一）年九月十二日、この比叡山焼き討ちから、信長の「ホロコースト」が始まった。

比叡山のホロコーストを、『信長公記』は実にリアルに描く。

「叡山の麓にいた老若男女を問わず、我をなくして右往左往し、取るものも取りあえず、皆、徒裸足《かちはだし》で、日吉《ひえ》大社《たいしゃ》の奥宮があった八王寺山へ駆け登り、社内へ逃げ籠った。信長軍は四方より、鬨音《ときおと》を発しながら攻め上げる。僧俗・児童・智者・上人すべてを斬り、その一つ一つの首を信長に見せた。これは叡山において隠れない高僧・貴僧・有智の僧といちいち説明した。さらには美女・小童のほか、たくさんの者を召し捕り、連なって信長の前に引き出された。『悪僧が殺されるのはもっともです。ですが罪のない私たちはお助け下さい』と、声々に哀願するが、容赦なく皆が首を刎《は》ねられ、目もあてられぬ有様だった。数千の屍《しかばね》が散乱し、哀れなる始末だった」

ここに根本中堂、山王二十一社《さんのうにじゅういっしゃ》をはじめとして霊仏・霊社・僧坊、また経巻《きょうかん》までも焼き尽くしたのである。

比叡山焼き討ちに始まる信長のホロコースト、またその残虐性は凄絶を極め、家臣をも震撼させた。

信長は散々に苦しめられた朝倉義景と浅井久政・長政父子を滅ぼすと、その首を薄《はく》濃《だみ》（髑髏《どくろ》に漆《うるし》を塗って固め、彩色したもの）にした。これを天正二（一五七四）年の元日に、酒宴の席で馬廻り衆に披露し、その前で謡《うたい》などを催して、新年を祝った。奇妙なこの肴《さかな》に家臣は度肝を抜かれて、決して酔えない酒になった。だが下戸《げこ》の信長は大満足だった。

そして信長が浅井氏に行った行為は、目を背《そむ》けたくなるような残酷なものだった。浅井長政が小谷《おだに》城で自刃した時、お市の方は娘三人とともに城を出て、信長の保護を受けた。しかし長子・万福丸は逃がさざるを得なかった。娘は助命されるが息子は殺されるのが、戦国の掟だったからである。

幼い万福丸（年齢不明・五歳ぐらい）は落城前に逃れたが捕らえられる。もちろん

殺人を楽しむ独裁者——「根こそぎに、容赦なく！」

信長は浅井氏の血を引く男系の生存を許さない。羽柴秀吉に串刺しの刑にするように命じた。万福丸は関ヶ原で磔《はりつけ》にされる。尻から頭に向かって、体の中を錆《さ》びた槍で刺し貫かれたのだった。

また万福丸の祖母・小野殿（名は阿子）も捕らえられた。長政の母である。捕らえられた彼女は、一日一本ずつ手の指を切り落とすという、残酷極まりない拷問の末に殺された。自刃した夫久政、息子長政への怒りを、信長はこの女性にぶつけたのだった。浅井氏はかくも苛酷な最期を信長によって強いられたのだった。

＊

信長はその非道さゆえに、数知れぬ憎しみを買った。

天正十（一五八二）年、信長は家臣である明智光秀の反逆《はんぎゃく》（本能寺の変）に遭い、自刃へと追い込まれるが、これは当然起こるべくして起こった謀反《むほん》だったという意見もある。

しかし、信長が残虐を好み、大量虐殺を繰り返すようになるのは、実は三十歳半ばからである。

若い時は、父信秀の葬儀に髪を茶筅《ちゃせん》に巻き立て、袴《はかま》もはかず、縄を巻いた腰に太刀《たち》・脇差をつけた格好で現れて、仏前に抹香《まっこう》をぐわっと投げつけて帰り、大うつけ者（大馬鹿者）と非難されたことはあるが、凶暴な性格ではなかった。

諫言《かんげん》を聞かなかった信長を、切腹して諫《いさ》めた傅役《もりやく》の平手《ひらて》政秀《まさひで》の葬儀では、泣いて棺を担いだ。今川義元を桶狭間《おけはざま》に討った後、その首を丁重に返却もしている。

そんな信長が変わるのは、将軍にしてやった足利義昭《あしかがよしあき》に反抗され、妹お市の方を妻に与えた浅井長政に裏切られてからだった。

越前の朝倉氏を攻めようとしていた信長は、朝倉氏と浅井氏の挟み撃ちに遭う一歩手前で、越前の入り口から一目散に京都に逃げ帰った。さらにその直後、岐阜に帰城する途中、千草越《ちぐさごえ》の山中で、杉谷善住房《ぜんじゅぼう》に鉄砲で狙われた。

その時、信長の中で何かの糸が切れたのだろうか。

弾は信長をかすっただけで事なきを得たが、その善住房をつかまえた信長の処刑は酸鼻《さんび》を極めた。立ったまま土中に埋めて、首を鋸《のこぎりび》挽きにし、苦しませながら殺したのである。

この頃から信長は、まるで人を殺すことに快楽を感じているように、平然と虐殺をするようになる。

だとすれば、信長は本当に裏切られて当然の「極悪非道な人間」でしかなかったのだろうか？「戦国」を生き抜く中で、保身のためにまとった衣が「ホロコースト」であり、独裁者と称されるに至ったといえるのではないだろうか？

つまり、生まれながらの独裁者ではない、ということだ。ヒトラーであれ、ナポレオンであれ、スターリンであれ、生まれながらにして「特殊な人間」だったわけではない。

そう思うにつれ、また別の怖さが浮かび上がってくる。

2

妻子を殺した男

——徳川家康

戦乱の世に終止符を打ち、二百六十四年続いた江戸幕府を築いた男、徳川家康。彼が三方ヶ原《みかたがはら》の戦いで武田信玄に完膚《かんぷ》なきまでに敗れ、恐怖から鞍壺《くらつぼ》に脱糞したのもわからずに浜松城に逃げ帰ったのが元亀三（一五七二）年、三十一歳の時だった。

十年後、家臣と堺に遊んでいた最中、本能寺で信長が殺された。身に迫る危険から、家康一行は野武士、盗賊がはびこる伊賀の地を、金をばらまき、襲撃者を斬《き》り捨てて突き進み、死地を脱して岡崎に帰還した。

この二つの危機を筆頭に、家康に次々に「七難八苦」が襲いかかった。その一つに家康三十八歳、まさに彼を天下人《てんかびと》たらしめたターニングポイントとしての、恐ろしくも悲しい重大な「決断」があった。

＊

天文《てんぶん》十一（一五四二）年、三河岡崎城主である松平広忠《ひろただ》の長男として生まれた家康は、六歳の時人質となるために城を出る。織田家の人質として二年、今川家の人質として十二年の人質生活を送り、その中で今川義元の姪《めい》にあたる築山殿《つきやまどの》（瀬名姫《せなひめ》）と結婚する。二人の間には信康と亀姫が生まれるが、永禄三（一五六〇）年、桶狭間《おけはざま》の戦いで今川義元が織田信長に討たれると、家康は妻子を今川氏に捕らわれたまま、岡崎城に帰還した。

家康が、生き別れていた妻子を取り戻したのは、それから二年後のことである。築山殿は夫との再会に感涙し、家康は息子・娘の成長ぶりに目を細めた。二人の間には、しばらく幸せな時期があった。

永禄年間、今川氏は凋落《ちょうらく》し、織田氏が飛躍する。家康に今川氏を攻める好機がきた。だが、織田信長は今川氏と同盟を結ぶ武田信玄と手を組んだ。それによって、信長と和したい家康は、信長と手を結んだ信玄の同盟者である今川氏と戦うわけにはいかなくなった。

そんな家康・築山殿夫婦にまもなく亀裂《きれつ》がやってくる。二人の溝は、変革の時代がもたらしたものといえた。現代と違って、当時の武将家族は、家というものを背負って生きていた。時代が家を揺さぶり、その重みの中で、憎しみが増幅された。

永禄十（一五六七）年、信長の長女・徳姫が家康と築山殿の息子・信康の妻として岡崎城に嫁入りする。さらに翌年、武田信玄が今川氏を攻め始めたことにより、しがらみが消えた家康は、信玄と和して今川軍との戦《いくさ》を開始した。

築山殿の心は煮えたぎる。築山殿にとって、信長は伯父・義元を殺した張本人だった。その憎き敵の娘が、可愛い信康の妻になったことが許せなかった。

その上、夫家康が実家も同然の今川氏に公然と反旗を翻《ひるがえ》したことが我慢ならず、怒りをあらわにする。

そんな築山殿を尻目に、家康は今川氏を倒し、遠江《とおとうみ》を平定した。ヒステリーを起こす築山殿を恐れた家康は、築山殿を避け、事もあろうに他の女に手を出した。

これが、悲劇の始まりである。

*

遠江を掌中に収めた家康は、築山殿を岡崎城に残し、浜松城を本拠地に変える。もちろん、浜松城内には正室である築山殿の奥御殿《おくごでん》を設けたが、何と家康はここに仕える築山殿の侍女・お万の方に手を出し、孕《はら》ませてしまったのだ。
浜松に来て、腹の大きいお万の方を見て激情した築山殿は、お万の方を全裸にして縛り上げる。さらに侍女に命じ、冬の夜の庭に放り投げさせた。

そして岡崎城にあっては、築山殿の怒りは息子・信康の嫁である徳姫に向かう。我が子信康の気持ちが、不倶戴天《ふぐたいてん》の敵、信長の娘に向いていくことが、築山殿の気に食わなかった。

徳姫は子どもを二人産んだ。だが、いずれも女の子だった。築山殿はこれを攻撃した。

「跡継ぎの男の子を産めぬ女は、信康の妻である資格はない」

そして徳姫を愛し、仲よくする息子信康には「国主となる者は早く男の子を作りなさい。それには側室を持つことです」とそそのかした。

夫婦の仲を裂き、徳川の跡継ぎから、織田家の血を排除しようとしたのだ。

信長と敵対する武田氏家人・日向昌時《ひゅうがまさとき》の娘で、妾腹《しょうふく》だったことから岡崎に住んでいた十六歳の美女を見つけ出し、信康に与えた。はじめは嫌がっていた信康も、その女を気に入って側室にする。

築山殿の実家を滅ぼしたことに負い目を感じていた家康は、この築山殿の暴走を見て見ぬふりをした。そして、浜松城の奥勤めの女に督姫を産ませるなどして、築山殿をまるで顧《かえり》みなくなっていった。

＊

やがて、築山殿の怒りの矛先《ほこさき》は、夫である家康自身にも向いていく。

自分には、たくましく、また頼もしい信康がいる。武田と組んで信長と家康を葬り、徳姫を追放し、信康が国主になれば、どんなに幸せか。築山殿は、大胆にもそうした工作を実際に武田方に持ちかけたという。

このやり取りを知った築山殿の侍女は、あまりの非情さに驚き、妹に話した。その妹がたまたま徳姫に仕えていたため、築山殿の陰謀は徳姫の知るところとなった。

徳姫はそんな策謀をめぐらす姑《しゅうとめ》が許せなかった。さらにその姑に感化され、堕落して粗暴になり、側室に溺れて、自分に冷たくなった信康も許せなくなった。

二十一歳になっていた徳姫は、夫と姑を責める手紙を父信長に書いた。彼女は築山殿を排除したかったのであろうが、信康については、信長から家康に言ってもらい、夫が再び自分に振り向いてくれることを願っただけだったのであろう。

しかし、この手紙が信長の手に渡ると、話は一気に大ごとになってしまう。娘・徳姫からの手紙を読んだ信長は、やがて家康の家老・酒井忠次をひそかに呼び出して、手紙にある真偽のほどを尋ねた。それは築山殿と信康の罪を十二ヵ条にわたり糾弾《きゅうだん》したものだった。

信長は、「一つ、築山殿悪人にて、三郎殿（信康のこと）と我が身のなかを様々に讒《そし》り、不和にし給うと、徳姫は申しているが真《まこと》か」と質《ただ》した。忠次は信長に威圧されるように「事実でございます」と言ってしまう。

信長は続けて、築山殿が信長と家康を排す計画を武田氏に持ちかけていること、信康が残虐で非道な行いをしたことなど、徳姫が指摘する一つ一つを読み上げて、真偽を忠次に問うた。忠次はその一つ一つに「事実でございます」と答えた。

信長は言った。

「信康が暴虐にして仁のない性格ならば、国家を保つことはできまい。また隣国の大敵に誘われて、敵に味方すれば、災いを引き起こし、由々しき大事に及ぶであろう」

そして、非情な命令を下す。

「信康を切腹させよと家康に申せ」

＊

家康は忠次から事の次第を聞いて、呆然とした。

当時、家康は三河、遠江を支配したとはいえ、まだ非力で、信長と袂《たもと》を分かてば、武田や北条、さらにはその信長からさえ、攻められないとは限らなかった。

苦しみ抜き、悩み抜いた末に、家康は「父子の恩愛のために累代《るいだい》の家を亡くすことは、子を愛することを知って、祖先を思わないことである」として、信長の命令に従うという、苦渋の決断を下した。

その時家康は、そのすべての根源は築山殿にあるとして、妻の殺害をも決断したのだ。

妻と子を殺す！——家康、人生最大の痛恨事であった。

信康は家康に必死に弁明した。家康は本心とは裏腹に冷徹に接して、これをはねつけた。

家康はまた、家臣が信康を奪うのを警戒して、幽閉地《ゆうへいち》を転々とさせた。だが彼はそう思う一方で、誰か家臣が移送中に信康を拉致《らち》して逃がしてくれることを願っていた。だが家臣は皆律義者で、悲しいかな家康に背《そむ》く者は一人もいなかった。

家康は築山殿を浜松に呼び寄せる。岡崎城から浜松城までは七十キロ足らず。信康を助けたい一心の築山殿は夫に会って訴えたいことがたくさんあった。

天正七（一五七九）年、わずかな供に守られて、彼女は東海道から脇往還《わきおうかん》の姫街道に入り三ヶ日《みつかび》で一泊したようだ。翌八月二十九日朝、浜名湖を渡る。

「夫は私を呼んでくれた。私が頼めば信康を許してくれるに違いない」

築山殿はそう思った。

現在は水路はないが、当時、浜名湖は佐鳴湖《さなるこ》に通じていた。三ヶ日からの距離二十三キロ、舟は佐鳴湖の奥、縄文遺跡で有名な蜆塚《しじみづか》遺跡のある佐鳴台地の下の小藪《こやぶ》に着いた。ここから家康のいる浜松城までわずか二キロである。

迎えの侍《さむらい》が輿《こし》を用意して待っていた。もうすぐ夫に会えると思うと、築山殿の口から笑みがこぼれた。何の不審も抱かずに輿に乗る。おもむろに簾《すだれ》が下ろされ、担ぎ手が輿を上げた瞬間だった。

刀が光り、簾の中央に向かって刃先が刺し込まれた。築山殿は果たして、この時、自分に何が起きたのか、理解できたであろうか。

刃《やいば》に胸がえぐられた。とどめが彼女の体を突き通す。

輿から血がしたたり落ちる。侍が二人がかりで築山殿の首を切り落とすと、体を殺害現場近くに埋めた。築山殿は三十八歳であった。

半月後、二俣《ふたまた》城で信康は切腹を命じられて、二十一歳の命を絶つ。

いくら責任の一端は自分にもあり、最終的な決断は自らが下したとはいえ、妻子を同時に失った家康の心には、築山殿と信康の罪を糾弾した徳姫への怒りが湧き上がったに違いない。

家康は、徳姫の住む岡崎城下町の入り口投町《なぐりちょう》に、築山殿の首を晒《さら》した。罪人でもない女の首を晒すなど前代未聞。しかも自分の妻である。

それは、徳姫への精一杯の当てつけだったのであろう。

正室と実子を殺す——この出来事は、家康七十五年の人生で、最大の痛恨事であった。

＊

だが妻や息子よりも信長を大事にしたことが、家康を天下人へ導く。

家康三十八歳、ちょうど人生の真ん中で下したこの恐ろしくも悲しい決断が、決して間違いではなかったということが、また悲しい。

3

繰り返された悲劇

――福島正則

「世の中は不昧因果《ふまいいんが》の小車《おぐるま》や　よしあしともにめぐり果てぬる」

豊臣秀吉は、側室・淀殿《よどどの》が産んだ鶴松をわずか三歳で失うと、もう自分には子どもはできないと思い、実姉「とも」の息子秀次を跡継ぎに定めて、関白《かんぱく》にした。

ところが秀吉が五十七歳の時、淀殿は秀頼を産んだ。「早まった」と秀吉は悔やむ。秀次はその空気を読んで、関白の座を追われるに違いないと怯《おび》えた。この栄華を奪われたくないと思うとじっとしていられなくなった。小心者だった彼は、日夜酒に溺れて政道を怠り、武威を誇る装束をわざと身につけ、殺生《せっしょう》禁断の比叡山《ひえいざん》に入って狩りをし、農民や町人の女子を奪い取り、わけもなく道行く人を斬《き》り殺すなど、殺生や理不尽な所業《しょぎょう》に走った。

その行為を逆手に取って、秀吉の忠臣・石田三成らは謀反《むほん》の罪をでっち上げて秀次を切腹させ、秀吉は妻妾《さいしょう》らをも許さず、全員を虐殺した。

冒頭の狂歌は、そんな秀吉を非難して京中で流行した歌である。

世の中はいいことも悪いことも、小車のようにくるくると回っているものだ。秀吉の非道はめぐりめぐって、その子秀頼を襲い、豊臣家を滅ぼすに違いない。そうした、予言めいた意味が込められている。

この秀吉に仕え、間近でその失敗を目《ま》のあたりにしながら、同じ轍《てつ》を踏んだ武将がいた。福島正則《まさのり》である。

福島正則の場合も、秀吉と同じく、長子が早世した後、男の子ができなかったため、姉から正之《まさゆき》をもらい養子とした。また、当時天下を狙っていた家康は、福島家を抱き込むため、姪《めい》にあたる満天姫《まてひめ》を養女とすると、この正之に嫁がせた。

しかし無情なことに、十一歳の満天姫が嫁いだ途端、正則が欲しがっても得られず、あきらめていた男の子が誕生したのである。

「しまった」と正則が思った時は遅かった。正之の妻がそこいらの大名や家臣の娘ならば、正之との養子を解約すればすんだ。だが相手が家康となればまったく別である。しかも家康は翌年に〝関ヶ原〟に勝利し、またたく間に征夷《せいい》大将軍となり、完全に天下の覇権《はけん》を握ってしまった。

本来なら、自分の跡継ぎが将軍の養女を妻にしたのだから、お家は安泰と喜ぶのが普通である。だがそうなれば、自分の名を与えて「市松」「市松」と呼んで可愛がっている我が子が不憫《ふびん》で、正則には正之・満天姫夫妻が頭痛の種となった。

何とか正之を廃嫡《はいちゃく》にして、我が子市松に家督を譲りたい気持ちを抱き続けて七年、正則には最悪の事態が起きた。満天姫が玉のような元気な男の子を産んだのである。

正則は焦る。その子の外戚《がいせき》は徳川家である。福島家を正之に乗っ取られると思った。「お前に福島家は渡さぬ」、正則は公然と正之に言い放って、無視するようになったのだった。

*

関ヶ原合戦が終わって七年。平和なはずの広島城に異様な光景があった。

樽《たる》の中に正則がいた――正確には、正則を模して藁《わら》を中に詰めた等身大の布人形が眠っていたのである。

「親父《おやじ》殿《どの》が本日ただいま、めでたく御隠れあそばされた。これより葬礼《そうれい》を執《と》り行いたいと存ずる」

参列者は白装束をまとう十人ほどの男たちである。畳なのに土足のままである。しかも驚いたことに、皆仮面をつけていた。だが一人だけ素顔を晒《さら》す男がいた。裃《かみしも》をつけ、腰に刀を二本差している。

その男がつかつかと祭壇に歩み出て、ロウソクから線香に火を移そうとする。炎に照らされた細面の顔が、神経質そうにピクピクひきつり、手が震えて火がなかなかつかない。仮面の一人が進み出て、手を添えた。

やっと線香に火が点《とも》る。その線香を香炉《こうろ》に立てようともせず、目の前にかざしたまま、歯茎《はぐき》を見せてニタッと笑う。不気味な笑いである。

その男こそが、正則から常に冷遇され続け、精神を病んでしまった正之だった。

生きているにもかかわらず葬礼をされた正則が激怒したのは無理もない。

慶長十二（一六〇七）年十一月、正則は自らが尊敬してやまぬ太閤秀吉がそうしたように、正之に謀反の罪を着せて殺した。正之は二十二歳であった。

元和《げんな》五（一六一九）年、正則は洪水で被災した広島城を無断で修改築したのを幕府から咎《とが》められて改易され、五十万石近い安芸《あき》の所領も没収された。

さらに、生きがいだった息子忠勝（市松）が二十二歳の若さで死ぬと、正則はすっかり覇気《はき》をなくして四年後に病没し、福島家はついえた。

正則の死から十二年の歳月が流れる。津軽《つがる》は紅葉の中にあった。寛永十三（一六三六）年九月二十四日、弘前城の本丸御殿から、赤く染まる岩木山が、掴《つか》めば錦の衣を剥《は》ぎ取れるほどに大きく見えていた。時に満天姫は四十八歳、直秀《なおひで》は三十一歳であった。

座敷には関ヶ原合戦図屏風《びょうぶ》の右隻《うせき》のみが飾られていた。

その屏風の左上方に、家紋の引両《ひきりょう》を二筋引きめぐらせた白黒の陣幕の周囲高く、黒地に白線をもって山道を紋様にした幟《のぼり》と三間半の長槍が群立する陣営が描かれている。それは中山道《なかせんどう》赤坂宿の近く、虚空蔵山《こくぞうざん》の福島家陣地である。そこに羽織をつけて座る人物が、正則と正之であろうと、満天姫は思っている。

満天姫の心には正之が生きていた。その屏風の左隻《させき》のほぼ中央には、関ヶ原の天満《てんま》山《やま》で戦う福島兵の勇姿が描かれていた。

家康が傷ついて戻ってきた満天姫に、新たな嫁入り先を見つけ、嫁がせたのは慶長十八（一六一三）年のことだった。相手は家康が懐刀《ふところがたな》とする僧天海《てんかい》の弟子だった津軽信牧《のぶひら》で、天海の推挙によるものだった。満天姫は家康に旅立ちの挨拶をしに出向く。

その家康の部屋に関ヶ原合戦図屏風があったのだ。満天姫は釘《くぎ》づけになった。

雪深い僻北《へきほく》の津軽に嫁がす家康は、その娘を不憫に思う。

「そなたの欲しいものを何なりと申すがよい」

そう言って、いたわりの笑顔を向けた。

すると満天姫は両手をついて、「この屏風が欲しゅうございます」と即答した。

家康はギョッとして言葉に詰まる。あまりにも意外だった。屏風は自分が天下人《てんかびと》になった記念すべき合戦を描かせ、いつも眺めている貴重な屏風だった。

「これぱかりは……許せ、満天」

すると満天姫の目から涙が溢れた。彼女の傷の深さを知った家康は、やむなく屏風一双の右隻を彼女に与えた。この屏風を持って、満天姫は津軽の女になった。この時、すでに八歳になっていた正之の忘れ形見・直秀も連れての輿入《こしい》れだった。

満天姫は、津軽家では子どもを生《な》すことはできなかった。腹を痛めた我が子は直秀ただ一人だった。だがいくら徳川を背負うとはいえ、津軽家とは血縁関係のない直秀を、津軽藩主にはできなかった。

直秀は夫信牧の舎弟《しやてい》の身分となり、津軽家重臣の大道寺《だいどうじ》直英《なおひで》の娘の婿《むこ》養子となっていた。だが直秀は自分が福島家の正統な家督権者だと知る。しかも外戚は天下の家康である。津軽家の家臣では身分が小さすぎる。年齢を重ねるとともに不満は大きくなった。

満天姫はその直秀を次第に持て余すようになる。幕府から叱責《しつせき》され、取り潰された福島家の再興を願えば、迷惑は津軽家に及ぶ。福島家再興の運動をするため、江戸に出たいと言い張る我が子を、満天姫は引き止め続けてきた。

だがそれももう限界だった。息子は母を振り切って津軽を出奔《しゆつぽん》し、将軍家光に願い出ると言って聞かなかった。とうとう説得しきれぬと悟った満天姫は、旅立つ我が子を迎える部屋に、関ヶ原合戦図屏風を出した。

「母上、これが聞き及んでおります関ヶ原の屏風でございますか」

「そうじゃ、近くに寄ってとくと見るがよい」

直秀はすぐに山道紋に彩られた陣地を見つけた。

「これが福島軍」

「そうじゃ」

「背旗《せばた》をつけ、床几《しょうぎ》に座る方が親父殿でござろうか」

親父殿とは正則のことである。

「そうやも知れぬ。だが、我は陣幕の中の羽織を着た二人が、正則公とそなたの父上だと思っておるのじゃ」

満天姫は夫正之が十五歳で、初陣の装束を整えた昔を思い出していた。やさしい夫であった。だから正則の無体《むたい》な仕打ちに耐えられなくて、心を病んでしまった。彼女は義父正則を恨みに思ってきた。正則が死んだと聞いて、ホッとした気持ちになったことを覚えている。

なのに息子直秀は、父を殺した正則を〝親父殿〟と呼んで尊敬している。関ヶ原の英雄と思い、徳川に勝ちをもたらしたことを自分の誇りとしているのだ。自分は福島と徳川の血を引いている。自分こそが福島家を再興し、正則を祀《まつ》る宗主《そうしゅ》になろうと意気込んでいる。その危うさが心配でならなかった。

「これは拙者《せつしゃ》には何よりの餞別《せんべつ》、よいものを見物させていただいた」

直秀は上機嫌であった。これに対する満天姫の唇は白く、顔は蒼《あお》く、冴《さ》えなかった。

「どうしても津軽を捨てるのか」

「御意《ぎょい》」

「我を助けて、この津軽藩をもり立ててはくれぬのか」

「お許し下され。拙者は親父殿の無念を晴らしとうござる。きっと福島家をこの手で再興してご覧に入れまする」

「そうか、ならば致し方ござらぬ。我も一度は福島家の人間となった身。そなたが見事、その志をとげることを祈っておるぞ」

乾いた母の声であった。直秀は笑顔を作って、大きくうなずく。

「これ、盃《さかずき》をこれへ、そなたの息災を祈って盃を取らす」

侍女が盃の乗った膳《ぜん》を満天姫の前に運んだ。すると満天姫は盃を取って、自ら膝を進めて直秀に躙《にじ》り寄った。

侍女の一番上座に控えていた尼姿の満天姫の乳母が、銚子《ちょうし》を持って進み出る。

お家のため、残酷な決断を迫られた満天姫は、ついに……。

満天姫は盃を両手で我が子に差し出した。白い指がわずかに震えていた。屈託《くったく》なく直秀は盃を手にした。

乳母は盃をじっと見入るようにして、銚子を二度、三度傾けた。溢れんばかりに注がれた盃を見て、直秀はにっこり、まるで子どものような笑顔を作ると、一気に盃を飲み干し、肩で息をついた。

転瞬《てんしゅん》、直秀は体内から突き上げる激しい苦痛に奇声を発し、盃を落とし、喉《のど》をひんむくように両手を押し当てた。直秀は中腰になろうとして、膳をはじき飛ばし、満天姫の前にドバッとくずおれた。

「許せ、直秀」

母は口から血を流す我が子を抱きかかえていた。虚空を睨《ね》める直秀は、すでに事切《ことき》れていた。

母は息子を自らの手で毒殺したのである。それは夫信牧が側室辰子《たつこ》に産ませた信義《のぶよし》を、我が息子として養育し、この信義の津軽藩を守るためであった。

ここに驚きの事実がある。

満天姫が守ろうとする信義の生母辰子というのは、関ヶ原で家康と戦った石田三成の実の娘であった。家が滅びて津軽まで逃げてきて、満天姫が嫁ぐ前に、信牧の妻になっていたのだ。徳川の女に敵《かな》うわけはなく、身を引いて側室として残り、藩主の嫡子を産んだのだった。

つまり家康の養女は、敵対した三成の血を引く嫡子を守るために、腹を痛めた我が子を己の手であやめたのである。

何という運命の皮肉であろうか。

もしかしたら……と思わずにはいられない。これは、正則の亡霊のなせる仕業《しわざ》だったのだろうか、と。

4
暴君
——豊臣秀吉

私は日本の歴史の本を長年にわたり書いてきたが、一番の暴君は誰だろうと思う時、真っ先に浮かぶのは、農民の小倅《こせがれ》から成り上がって天下人《てんかびと》になった、豊臣秀吉である。秀吉は〝ひとたらし〟と言われ、とても人なつっこく、皆から好かれる、愛すべき一面を持っている。正室おねへの愛情もこまやかで、自分を慕ってくる人間には実にやさしく振る舞い、よく気もつく。

しかし敵対した相手、また裏切った相手には、非常に残酷・残忍であった。特に女性に対してその落差が激しい。

これはと思う女性には気持ち悪いほどにやさしい。一番お気に入りだった側室・松の丸殿が目を患うと、すぐに有馬《ありま》温泉に湯治に行かせ、自分もただちに追いかけていって、一緒に温泉につかるなどして、彼女に尽くす。

やはり側室の淀殿《よどどの》への小田原討伐の戦地からの手紙では「鶴松（三歳で死ぬ）は大きくなったことだろう。必ず行って鶴松を抱こう。その夜、そなたをも側に寝かそう。心待ちにしていて欲しい」などと、のろけてもみせ、微笑ましくもある。

だが、秀吉が溺愛する六歳の我が子・秀頼に送った手紙は怖い。

「きつ・かめ・やす・つしの侍女が、そなたの気に入らぬことをしたとのこと。かかさま（淀殿）に申しつけ、四人を一つ縄で縛り、ととさま（秀吉）がそちらに行ったら、ことごとく叩き殺してやろう。決して許しはしない」

幼い秀頼にちょっと気にそぐわぬことをしたからと、お付きの四人の侍女を縛り上げ、自分が叩き殺してやると、幼い息子に直接、手紙を送る秀吉は、まさに暴君である。

その残虐さを示すエピソードは数多くあるが、その中でも特に印象的なのは、関白《かんぱく》秀次と妻妾《さいしょう》など三十数人を惨殺した、通称「秀次事件」と呼ばれる事件である。

実子の鶴松が早世し、もう自分には子どもが生まれまいと思った秀吉は、姉・ともの子である秀次を後継者に指名し、関白にした。ところが鶴松が死んで二年後、秀吉が五十七歳の時、再び淀殿が出産し、秀頼が生まれた。

秀次を邪魔に感じ始めた秀吉は……。

どこかで聞いたような話ではないだろうか。そう、福島正則に起きた悲劇とまったく同じなのである。

ただ、福島正則の場合、残された妻による悲劇の連鎖が起きたのに対し、秀吉は秀次を亡き者にするのと同時に妻妾たちをも殺害している。秀吉はなぜ、秀次にとどまらず、その妻妾たちの命をも奪ったのであろうか。

その理由にこそ、この悲劇の本当の怖さがある。

＊

大量殺戮《さつりく》の幕は、秀次の死によって上がる。

秀吉は秀次を跡取りにしたことを悔やんだ。その気持ちは秀次に伝わって、秀次は乱行《らんぎょう》に走った。通行人を捕らえて、鉄砲や弓の的《まと》にした。また辻斬《つじぎ》りもした。殺生禁《せっしょう》断の比叡山《ひえいざん》で鹿狩《ししが》りもした。秀次は殺生関白の異名を取る。

その秀次を排除する陰謀をめぐらしたのは石田三成である。秀次が秀吉への謀反《むほん》を計画していると、罪をでっち上げた。そして弁明も許さず、高野山に放逐して、切腹させた。秀次は二十八歳だった。

本来なら、秀次切腹で秀頼の未来は明るく開けて、これでこの事件はめでたく解決するはずだった。

ところが違った。

秀吉は秀次と関係した女たちに牙《きば》を剥《む》いたのである。

＊

秀吉は秀次を関白にするにあたり、訓戒状《くんかいじょう》を与えている。秀吉は自分の欠陥をよくわかっており、本人が夢中になっていた茶の湯、鷹狩り、女狂いを戒めた。

秀吉は自ら「秀吉の真似はしてはならぬ」ときっぱり言う。ただし若い秀次の気持ちも考慮して「使い女《め》は屋敷の内に五人なりとも十人なりとも置いてもかまわない。だが外で猥《みだ》りがましく女狂いをするのは慎め」と、訓戒したのだ。

秀次はこの範囲を大きく逸脱《いつだつ》した。やむを得ない側面もあった。秀吉の跡継ぎと決まった秀次の元に、媚《こ》びを売ろうと公家や大名たちが次々と娘を送り込み、それで側室が増えたからである。

だがそれは〝女狂い〟を自認する、老いた秀吉にとって、強い嫉妬《しっと》の対象となった。

そして秀吉が何よりも許せなかったのは、秀次の正室になった一《いち》の台《だい》の存在だった。

『川角太閤記《かわすみたいこうき》』は、秀吉の一の台への憎しみが、妻妾・子どもたちの大量虐殺《ぎやくさつ》につながったことを指摘する。

一の台の父は菊亭晴季《きくていはるすえ》、秀吉が関白になるために奔走した人物だった。

秀吉は天下を握ると、はじめ毛利氏の元にいた足利義昭《あしかがよしあき》の養嗣子《ようしし》となって、征夷《せいい》大将軍になろうとした。だが義昭は秀吉が卑しい身分の出であることから断る。困っている秀吉に近づいたのが晴季であった。近衛《このえ》家の養嗣子になり、関白になることを勧め、その実現に奔走したのだ。

関白秀吉が誕生すると、晴季はさらに縁を深めようと、一の台を側室に差し出した。彼女は一度公家に嫁ぎ、娘おみやを産んだが、夫に死別されて出戻っていたのだった。

秀吉は公家の姫を側室にして上機嫌だったが、二人は親密になることはなく、しかも彼女は病気になって宿下がりした。一の台はやがて病《やまい》も癒《い》えて元気になったが、秀吉からお声がかからないことから、そのまま出仕しなかった。

秀次が関白になる。晴季は将来の有望株と、一の台を聚楽第《じゆらくだい》の秀次の元に出仕させた。彼女は秀次より三つ年上（六つ年上説も）だったが、公家の姫だけに気品があった。秀次は年上だが身分高いこの女に惚《ほ》れ、しかも自分に箔《はく》をつけるために正室にした。

晴季も秀次も、かつて秀吉が側室とした一の台が、新関白夫人になったことを、秀吉が朝鮮出兵で肥前唐津の名護屋に遠征していたこともあって報告しなかった。

後刻、このことを知って秀吉は怒った。秀吉にしてみれば、大して好きな女ではなかった。だが年老いた自分を捨てて、若い秀次を選んだという事実が許せなかったのだ。

秀次とその妻妾・子どもたちの虐殺事件は、このように、自分を裏切った秀次と一の台の若い夫婦への復讐の性格を秘めるのである。

秀吉は秀次を切腹させ、一の台、側室や子どもたちをも一絡《ひとから》げにして殺すことを命じる。

＊

文禄四（一五九五）年の秋陽まぶしい八月二日、行水《ぎょうずい》で身を清め、経帷子《きょうかたびら》を着た妻妾たちは三条河原に引き立てられた。

河原に三十六メートル四方の堀が掘られ、鹿垣《ししがき》を厳重に結んでいた。そこが処刑の場だった。しかも三条大橋南詰近くに、塚が築かれ、その上に西向きに秀次の首が据えられていた。殺される女や子どもたちを、がばっと目をひんむいた秀次の首が見つめる。秀吉のアイデアだった。

一の台は秀次の首を拝んで後、泰然《たいぜん》として首をはねられた。正室として、謀反を企《くわだ》てたとして自害させられた秀次の無実を堂々と主張し、また我ら夫婦には何ら恥ずべきことはないとして、「心にもあらぬうらみはぬれぎぬの　つまゆゑかゝる身と成にけり」の辞世《じせい》を詠《よ》んだ。

殺される女たち、子どもら、また家族にとって、その虐殺はあまりに不条理であった。

中でも、特に怒りをあらわにしたのは、秀次の側室・駒姫《こまひめ》の父親、最上義光《もがみよしあき》である。悲劇の四年前、南部氏の内紛である九戸政実《くのへまさざね》の乱が南部（岩手県）であり、総大将となった秀次の下、東日本の大名がこぞって従軍し、これを鎮圧した。

帰途、秀次は最上氏の山形城（山形市）に立ち寄った。義光の三女・駒姫は十一歳

嫉妬に狂った老太閤が繰り広げる、戦慄の地獄絵図！

の少女だったが、食事の給仕役をやって、秀次に気に入られた。

秀次は一緒に京都へともないたいと言った。娘が側室になることで、豊臣家との縁が深まると義光は喜ぶ。だが駒姫はまだ幼い。修業にいちだんと磨きをかけ、成人した後に上洛させることになった。

そして十五歳、駒姫は見違えるように女らしくなった。山形からきらびやかに出発し、聚楽第に入る。

しかし、秀次への見参《けんざん》もいまだかなわぬうちに、秀次は罪を着、切腹となった。妻妾殺害の秀吉命令は駒姫にも及んだ。

義光は必死に助命を嘆願《たんがん》した。周囲も義光に同情して一緒になって嘆願したが、意《い》固地《こじ》になっていた秀吉は許さなかった。

駒姫はただ死ぬためにのみ、京都に来たことになる。駒姫が上洛してはじめて、秀次と顔を合わせたのは刑場であり、腐敗《ふはい》が進む塚上の生首であった。

「つみをきるみだのつるぎにかかる身の　なにかいつつのさはりあるべき」

駒姫は母とともに子どもの時から寺に通い、仏教に深く帰依《きえ》していた。辞世にそれが色濃く出ている。

「罪を斬るという弥陀《みだ》の剣《つるぎ》にかかって私は死にます。人間は生まれながらに五つの罪を背負っているといいますが、弥陀の剣によってその罪から放たれて、私は浄土に行くのです」という意味である。

罪なくして十五歳で死ななければならぬ乙女の怒りを、その歌の裏側に読み取ることができる。

*

世間は秀吉を非難した。「秀吉を絶対に許さぬ」と、怒りをあらわにしたのは義光だけではなかった。

秀次と親しくしていたとして、伊達《だて》政宗《まさむね》、細川忠興《ただおき》も睨《にら》まれた。そこから生じた恨みが、豊臣家に見切りをつけ、関ヶ原合戦で徳川家康に味方する大きな要因となった。

つまり、秀吉の理不尽なまでの残酷さが自らを追い込んだこととなる。しかも、その理由は、後継問題をめぐる「運命のいたずら」だけでなく、老いた秀吉の抑えきれない嫉妬――何だかやりきれない怖さを感じるのは私だけだろうか。

5

魔界京都の「戻り橋」

——千利休

京都の一条戻《もど》り橋の橋溜まりに、まこと奇妙な機物《はたもの》（磔柱《はりつけばしら》）が架けられた。木像が立柱にくくりつけられている。足下に据えられた鉋《かんな》かけ折敷《おしき》（薄い経木の角盆）には、鎖《くさり》がけにされた首がのっかっていた。その首を木像が踏んづけているのだ。首は千利休《せんのりきゅう》だった。木像も利休を写した等身大のものである。利休が利休の首を踏みつけていたのである。

利休が切腹した朝、聚楽第《じゅらくだい》の太閤秀吉の元に首がやってくると、「見とうはない、首は戻り橋、戻り橋へ」と言って、席を立った。

過去に見たことも聞いたこともない晒《さら》しものに、京中は沸《わ》き返って、老いも若きも、男も女もどっと一条戻り橋に押しかけて、大変な騒ぎになった。

天正十九（一五九一）年二月二十八日のことである。

＊

京都は魔界とよく言われる。

生首を本人の等身大像が踏む!?——奇妙な晒し首の謎。

桓武天皇がここに都を移して以来、京都は一千年の長きにわたって王城の地となった。絢爛《けんらん》にして雅《みやび》なこの地は、また愛憎が渦巻いて、戦乱・抗争によって多くの血が流され、飢饉・疫病によって計り知れないほどの者たちが死んでいった。人間の怨《えん》嗟《さ》・怨念《おんねん》が幾重にも積み重なって、魑魅魍魎《ちみもうりょう》が跋扈《ばっこ》する魔界と京都はみなされた。

その魔界の中の魔界が一条戻り橋といえる。かつての平安京の北端、一条大路の堀川にかかる橋だった。人知を超える災害・伝染病など、様々な魔が平安京に入り込むのを防ぐ、結界《けっかい》の役割を担った。

現在、戻り橋の長さはわずか六・八メートル。橋は鉄筋コンクリート製で何とも味気ない。川をのぞき見れば、両岸には石垣が張られ、川床もセメントで固められ、中央に小溝の排水路が伸びている。そこをチョロチョロと申し訳程度に水が流れて、橋同様に無味乾燥も甚《はなは》だしい。

だが昔は鴨川《かもがわ》の本流で、平安遷都にあたり、流路が人工的に変えられた。その川跡に幅十二メートルの小川を引き、内裏《だいり》造営の資材の運搬に用いた。それが堀川で、清らかな水に鮎《あゆ》の魚影《ぎょえい》も濃かった。

＊

利休が獄門《ごくもん》にされた橋が、なぜ一条戻り橋と呼ばれたか。

延喜《えんぎ》十八（九一八）年、文章博士《もんじょうはかせ》の三善清行《みよしきよゆき》が死に、息子の浄蔵《じょうぞう》（祈祷師《きとうし》）が熊野《くまの》参詣《さんけい》から取って返すと、葬列はまさにこの橋の上にあった。浄蔵が体を震わせて泣き叫ぶと、何と清行は息を吹き返した。浄蔵の声が地獄の冥官《みょうかん》を感動させ、父は生き返ったのだ、命が戻った橋ということで、この名がついた。

その一条戻り橋に刻まれた歴史は怖い。

戻り橋といえば、何といっても、安倍晴明《あべのせいめい》である。陰陽師《おんみょうじ》の晴明の屋敷は戻り橋から百五十メートルほどの、現在の晴明神社のある場所にあった。晴明は式神《しきがみ》（識神）を自由自在に操った。これは紙や木片に霊力を吹き込んで生き物に変えるもの。その式神に十二神将《じゅうにしんしょう》と呼ばれる鬼神《きじん》がいた。妻が怖がるので、いつも晴明は魂を抜いた人形として戻り橋の下に隠していて、必要な時に取り出していたとされる。以後、戻り橋は鬼神が棲《す》む魔所となった。

平安中期の武将・渡辺綱《つな》は戻り橋で美女に出会う。馬に乗せた途端に鬼と化し、綱の髻《もとどり》を掴《つか》んで空に舞い上がろうとした。だが彼は見事、その腕を切り落とした。

戦国時代の天文《てんぶん》十三（一五四四）年八月には、将軍足利義晴《あしかがよしはる》の下、幕府政権を主導した細川晴元《はるもと》が、和田新五郎を戻り橋で鋸挽《のこぎりび》きの刑にした。新五郎は当時は晴元の被官・三好長慶《ながよし》の家臣だったが、将軍家の侍女と密通した。それが露見して侍女も六条河原で殺されたが、新五郎は戻り橋で、はじめ右と左の手を鋸で切断された後に、首を鋸でじわじわ切られて殺されたと、『言継卿記《ときつぐきょうき》』に出ている。

また江戸時代、粟田口《あわたぐち》の刑場に向かう罪人は、市中を引き回される途中、必ず戻り橋で花と餅《もち》を供えられ、役人に「生まれ変わる時は真人間になってこい」と諭《さと》されていたという。

まさに一条戻り橋は京都の魔所であり、利休の奇妙な獄門は、さらに戻り橋を怪奇じみたものにしたのである。

＊

秀吉は「利休、利休」と言って寵愛した。茶湯の世界にとどまらず、内々の政治までも任せた利休に、なぜ切腹を命じ、しかもその首を戻り橋に晒したのであろう。その真相は謎に包まれる。理由は一つではなく、いくつかが重なり、天下人《てんかびと》を怒らせたものと思われる。

利休は堺で魚問屋を営《いとな》み、一代で豪商に成り上がった田中与兵衛の長男に生まれ、幼名を与四郎といった。魚問屋といっても鮮魚を扱うのではなく、納屋《なや》（海産物倉庫）を所有し、業者に貸しつけて利潤を得ていた。そして父は堺の町で自治にあたった納屋十人衆の一人だったと見られる。

十代で祖父・父を失い、家業に励む一方で、武野紹鷗《たけのじょうおう》の門を叩いて、茶湯者の道を突き進み、京都大徳寺などに参禅もして、宗易《そうえき》の法号を得た。二十三歳で早くも茶会を開いた記録も残る。茶湯一筋を貫き、町衆茶人《ちゃじん》から堺を掌握した三好一族の武将と交わることで、世界を広げた。

やがて利休は、自分の茶湯を見出して、独自の境地を拓《ひら》き、五十代で織田信長と出会う。信長の茶頭《さどう》となるが、六十一歳の時に本能寺の変が起きた。

信長を継いで天下人になった秀吉は、信長に負けず劣らずの茶湯好きであった。この秀吉の絶対的な信頼を得て、大坂城、聚楽第に屋敷を賜《たまわ》り、筆頭茶頭になる。

天正十三（一五八五）年十月、秀吉の関白《かんぱく》任官御礼の禁中《きんちゅう》茶会を後見した際、「利休居士《こじ》」の号を正親町《おおぎまち》天皇から賜ったが、この「一日のかり名」だった〝利休〟が、以後、彼の本名となった。

利休は商人である。だが秀吉は利休に切腹を命じた。切腹は武士にのみ許された作法である。秀吉に重用される中で、利休は天下一の宗匠《そうしょう》になるとともに、豊臣政権の「内々の儀」を差配《さはい》して、隠然たる権力を持つようになったのである。

だが、極めれば落ちるのが人の世の常である。利休も例外ではなかった。

*

利休は大徳寺の三門《さんもん》（金毛閣《きんもうかく》）落成を祝して閣上《かくじょう》に、頭巾《ずきん》をかぶり、雪駄《せった》をはき、杖《つえ》を持つ、己自身の木像を安置した。

大徳寺には信長の墓がある。また公家《くげ》たちもよく訪れるだけでなく、天皇の行幸《ぎょうこう》もある。秀吉自身も行く。皆必ず三門を通る。その頭上の閣に利休は木像を置いた。

「いつからお前はそんなに偉くなった」と、秀吉はその不敬に怒った。だから戻り橋でこの木像に利休の首を踏ませたのである。これが切腹の理由の一つに挙げられる。

また、茶道具を高値で売買した、その商売っけに秀吉が牙を剥《む》いたともされる。

利休は商人であり、利得に聡《さと》かったことは事実である。だがルソンを経てもたらされた日常陶器の呂宋壺《ルソンつぼ》を、利休と結託して高値で売ったのは秀吉自身であり、秀吉は天下人でありながら、遠隔地から米を運んでボロ儲けの商いもしていた。利休を責めるのはおかしいが、その辺りが天下人の横暴で、自分はよくても他人は許せなくなっていたのかもしれない。

さらに茶湯に関して、天下人のわがままと、茶の神髄を極めようとする芸術家としての利休の間に、乖離《かいり》が生まれ、それが抜きさしならない溝となったともされる。

あるいは、表千家四世・江岑千宗左《こうしんせんのそうさ》が著した『千利休由緒書《ゆいしょがき》』によれば、切腹は利休が娘を秀吉に差し出すのを拒んだためとする見方もある。

利休切腹の二年前の桜の季節、鷹狩りから帰る秀吉は、花見帰りの女性の一行に出会う。一行は道端によけて、秀吉の通過を待つ。だが秀吉はそこに美貌の女性を目敏《めざと》く見つけた。供の小姓が名を質《ただ》すと、利休の娘で、万代屋宗安《もずやそうあん》の後家・お三《さん》であると答えた。聚楽第に戻った秀吉は彼女に出仕を促す。だが小さい子どもが三人いて無理

である と断った。すると矛先《ほこさき》を利休に向け、どうしても奉公させよと命じてきた。

それは秀吉がお三を側室にしようとしていることを物語る。利休は、女ぐせの悪い秀吉の手にかかる娘が、あまりに不憫《ふびん》だった。また側室に差し出せば、自分は娘のお陰で偉くなったと世間は見るだろう。そうなれば、いままでの佳名《かめい》はすべて水の泡《あわ》になってしまうと思った。

利休は断った。秀吉は憎む。

一方、お三は天下人には逆らえないと観念した。また父・利休の苦悩も救いたかった。お三は三人の子どもを残して、自室において懐剣《かいけん》で胸を突いて自害した。

だがお三の死をもってしても、このしこりは秀吉から消えなかった。

他にも利休切腹の理由として、秀吉が朝鮮出兵を目論《もくろ》んだ際、これに反対したからという説もある。

さらに、利休切腹は、秀吉の弟秀長《ひでなが》の病死によるところが大きいとも言われる。秀長は利休のよき理解者であり、ともに秀吉を支える二本柱だった。秀長は利休を茶湯だけでなく、公私にわたり敬ってきた。秀吉と利休のよき緩衝役《かんしょうやく》ともなっていた。

その秀長が死んでわずか二ヵ月後に、利休を快く思わない者たちによって、大徳寺三門の木像が問題視されだしたのだ。

秀吉は利休に切腹を命じる。

だが、秀吉は利休が詫《わ》びを入れてくるのを待っていたとされる。しかし、利休が自ら助命を嘆願《たんがん》することはなかった。

利休は一度堺に送られ、再び京都に呼び返される。それは死ぬためであった。

聚楽第の利休屋敷は、三千の上杉景勝の兵によって厳重に警備される。三人の検使役が派遣されるが、利休は到着を、腹を切るべき脇差の柄《つか》に紙撚《こより》を巻きながら待った。

三使が到着すると、彼らを茶室に迎え入れ、一会《いちえ》の茶湯を「織筋《おりすじ》」の茶碗と自作の茶杓《ちゃしゃく》を用いて振る舞った。そして最後に自ら点《た》てた茶湯をゆっくりと喫した。

利休は、座敷の床に腰かけて、釜《かま》の湯の煮えたぎる音を聞きながら、腹を左から右へと一文字に切った。

＊

一条戻り橋で利休の首が獄門《ごくもん》に晒された正午、雷鳴が轟《とどろ》き、突然、起こった突風に乗って、大粒の雹《ひょう》が京の都を襲う。そして激しい雨となる。春の嵐に戻り橋に集まった群衆は逃げまどい四散した。

利休の怒りに天が応えたものといえた。

利休は死の十五日前、秀吉からまず堺にて閉門せよとの達しを受けて、聚楽第の屋敷を離れた。この際、乗物に乗ろうとして硯《すずり》と紙を所望し、「娘お亀に渡して欲しい」と言って、「利休めはとかく果報《かほう》のものぞかし　菅丞《かんしようじよう》相になるとおもへば」との狂歌《きようか》を認《したた》めた。

菅丞相とは無実の罪に落とされ、京都を追放され、無念のうちに九州大宰府《だざいふ》に死んだ菅原道真《すがわらのみちざね》のことである。その道真は怨霊《おんりよう》となって京都に立ち返ると、雷と化して御所などを襲い、自分をおとしめた者たちに次々と祟《たた》った。そこで怨霊を鎮めるため北野天満宮ができた。

利休は、その道真に自分をなぞらえたのだった。

狂歌がまるで真実を語るがごとく、その日、京都の街は、稲妻と雷鳴に包まれたのだった。

6

不運の魚津城

――上杉景勝

上杉謙信の没後、北陸地方の支配を目論《もくろ》む織田信長と、信長支配の富山城を攻め落とした上杉景勝《かげかつ》は対立を深めていた。

信長の家臣・柴田勝家は富山城を奪還、信長軍は上杉氏が支配する魚津城へと兵を進める。

そして始まった「魚津城の戦い」で悲劇は起こった。

＊

柴田勝家の軍勢は四万八千、そのうち佐久間《さくま》盛政《もりまさ》・前田利家連合軍は山側を進んで松倉城と魚津城を分断した。また佐々《さつさ》成政《なりまさ》の軍勢が魚津城を包囲し、兵糧攻めに出た。さらにその後ろに勝家の本隊が控えていた。

これに対し魚津城は城主の寺島六蔵をはじめ、国人《こくじん》ら十三人の諸将たちが籠城《ろうじょう》したが、一千五百人と寡兵《かへい》で、陥落は目に見えていた。だが籠城諸将は必死に耐える。

このうち城将十一人は天正十（一五八二）年四月二十三日付けで、連署して景勝の家老・直江《なおえ》兼続《かねつぐ》宛に手紙を出した。

そこには「敵は城の壁際まで厳しく攻め寄せ、すでに昼夜四十日に及ぶが、何とかこらえてきた。だがこれもすでに限界で、各々滅亡と存じ定めている。この由を皆にご披露して欲しい」とあった。

文面には「救援を頼む」などの文言は一切ない。信長軍が関東や信濃からも越後に一斉に攻め入ろうとするのを前にして、城将たちも景勝の陥った境遇が、ただならぬことをよく知っていたからだ。

この手紙に兼続は胸を締めつけられた。景勝もまた魚津城の苦難に「敵はいまに長陣の由、味方の辛苦が気がかりで、心も痛む。諸将の心中のほどを思いやると、心も平静ではいられない」と苦渋を述べ、彼らの労苦に報いるべく出陣を決断したのだった。

景勝と兼続は三千とも五千ともされる軍勢を率いて、魚津城の東四キロ、片貝川《かたかいがわ》を越えた天神山《てんじんやま》城に五月十五日に布陣した。

謙信伝来の「毘《び》」や上杉の家紋「竹に雀《すずめ》」を染め抜いた軍旗が天神山城に群立した。魚津城を救援しようとする、景勝の強い意志に城兵たちは感涙した。

だが、すでに魚津城は二の丸も占領されていただけでなく、食糧は底をつき、飲み水も雨水のみの惨状となっており、しかも矢弾《やだま》も尽きていた。

何とか救出したい景勝だったが、敵は大軍の上に、上杉軍が魚津城に近づけないように、土塁《どるい》に柵《さく》、さらには堀まで掘って、迎撃の万全の態勢を整えていたのである。

景勝・兼続は攻撃の糸口を掴《つか》めず、歯ぎしりした。そこへ、自らの本拠地である春日山《かすがやま》城が危ないとの知らせが届く。厩橋《うまやばし》城の滝川一益《かずます》が、五千の兵を率い三国峠を越えようとしているとの情報が入る。また海津《かいづ》城の森長可《ながよし》も五千の軍勢とともに、信越国境の関山を越えて、二本木（上越市）に至った。春日山城とわずか二十二、三キロの距離まで敵は接近していた。

魚津城どころではなくなった。景勝は五月二十七日、天神山城を急遽《きゅうきょ》、引き払って兵を返さざるを得なかった。

景勝は立ち退《の》くにあたって、家臣を魚津城に派遣した。所持した景勝の手紙には「我らは越後に引き取る。城内の城将から下々の者まで、寄せ手と和睦《わぼく》して城を渡し、越後へ参られよ。そなたたちの武士道はこれによっても、いささかも揺るぎはしない」とあり、降伏・開城を促していた。

理由はどうあれ、魚津城は見捨てられて、大量の敵軍の中に孤立した形になった。

そして、ここからが怖い話になる。

＊

城内で軍議が開かれる。

「お屋形様は降伏せよと仰せである。だがそれでは武士の一分《いちぶん》が立たない。義を貫いて死ぬことこそ武士道というものであろう」

十三人の城将たちの意見は〝討ち死に〟で一致した。

一方、攻め手の勝家にも焦りがあった。ごり押しして、死を覚悟した城方と戦えば、味方にも多数の死者が出ることは必至《ひつし》だった。だがぐずぐずしてはいられない。朋友の滝川一益、森長可が越後に入ったならば、こちらもおちおちしてはいられない。軍律の厳しい信長の下、功名こそが唯一であり、朋友にも負けてはならないのだ。魚津城を突破して、一刻も早く春日山城に迫らねばならなかった。

味方の犠牲を少なくし、早急に城を落とすには、策謀を弄《ろう》する他はなかった。

勝家は講和の使者を城に派遣した。城を枕に討ち死にを決めていた城方は困惑した。

「なぜ寄せ手が講和を持ちかける？」

一度は追い返すが、こりずに使者が再来した。

「城を明け渡してくれれば、すべての者の命の安全を保証する。我らが信用できぬなら人質を遣わそう。本丸を出て三の丸に移って欲しい」

その再三の願いに、城方の意志がぐらつく。死を覚悟したが、生きられるとわかって、ピンと張っていた緊張の糸が緩んだ。開城は主君と仰ぐ景勝も願っていたことであった。

最後まで相手の邪心を疑いもしたが、送り込まれてくる人質の名を知って、城将たちは敵を信じた。相手に嘘はあるまいと降伏を決めた。

籠城の城将たちが敵を信頼したのも無理はなかった。人質は勝家の従弟《いとこ》・柴田専斎《せんさい》と成政の甥《おい》・佐々新右衛門《しんえもん》だったからである。しかも身代わり派遣ではなかった。

柴田勢は身代わりを立てて、ばれれば元も子もなくなるとして、真っ向勝負に出た。

成政は武者奉行《ぶぎょう》の要職にあった新右衛門に「死んでくれ」と頭を下げた。新右衛門は思わぬ申し出にギョッとなったが、すぐに成政の立場を理解した。

成政は一向一揆《いっこういっき》を平定して富山城の城主になり、越中の差《さ》配《はい》を任されて、魚津城攻略の先鋒《せんぽう》をつとめていた。

佐々一門から誰かを出さねばならなかった。その人質作戦が謀《はかりごと》である限り、これが帰りのない死《し》出《で》の旅であることはわかっていた。

「子を取り立て、家の未来は我が保証する」

その成政の言葉を信じて、新右衛門は役目を引き受けた。

専斎もまた、総大将である勝家の立場がわかっていた。早く春日山城に到達するための人柱《ひとばしら》になることを、専斎は受諾した。

かくて五月二十九日、成政自らが使者に立ち、専斎・新右衛門をともない、本丸に入った。

敵の大将・成政のじきじきの到来も籠城者を信頼させた。

「準備が整い次第、本丸を明け渡し、三の丸にお移り願いたい」

成政の言葉を城将たちは信じた。人質を取って、辛苦に耐えた長い籠城生活は終わったと、皆がホッとした。

旧暦のこの年、五月は小の月で二十九日が晦日《みそか》である。

籠城兵は翌日の六月一日に人質を引き連れ、三の丸に完全撤収した。変わって本丸には佐々軍が入った。

すべてが完了し、やれやれと思った時だった。本丸に鬨《とき》の声が上がる。三の丸に向かって鉄砲が撃ち込まれた。するとこれを合図に、城外からも柴田勢が殺到してきた。

十三人の城将らは謀《はか》られたと憤《いきどお》った。怒りに任せて、人質の専斎と新右衛門を斬《き》り捨てた。こうなることを知っていた二人は抵抗せずに討ち果たされた。

人質の屍《しかばね》を前に、皆の血が逆上していた。

「裏切りは許せぬ。ここは斬って斬って斬りまくって、なるべく敵の多くを死の道連れにすべし」

しかし、飲まず食わずの二ヵ月半の籠城で、体は痩せ細っていた。群がる敵に圧倒され、城方の全滅は目に見えていた。城将たちは最後の決断をする。

*

『上杉三代日記』に、かくも恐ろしい、次のような記述がある。

「古《いにしえ》より歴々《れきれき》の名将たちが自害する際、城に火をかけ、その上、面《つら》の皮を焼いて、誰が首とも分からないように計った。だがそれは我々の本意ではないとして、木札に各《おのおの》名字を書き、同時に腹を切った」

武将にとって最大の恥は、死して自分の首が敵方に渡って、辱《はずかし》めを受けることであった。このため落城する際、火を放ち、遺体が誰の者かわからないようにするのが常であった。

また首が誰の者かわからなくするために、死んだ後に、顔を焼かせたり、顔面の皮を剥《は》がさせたりもした。

しかし魚津城の城将たちには、自分たちに負い目はなく、正々堂々と戦い、武士の誉《ほま》れをもって死んでいくのだという、正義と忠義の心ばえがあった。

「そんな我らがなぜ、顔を焼き、顔の皮を剥がねばならぬ。いやむしろ逆である。裏切った柴田勢に、潔《いさぎよ》く死ぬ我らの顔をとくと見せてやって、我らの名を末代までも残そうではないか。だから城に火をかけることもやめようぞ」

「そうだ」

「その通りだ」

彼らは心を一つにした。

最後、部屋に籠り、郎党らに敵を防がせると、各々は木札に自分の名前を書いた。次に小刀をもって耳朶《みみたぶ》に穴を開けた。こうして、一人ひとりが木札を耳からぶらさげたのである。

城将たちは一組ずつ、お互いに向き合って座る。刀を抜いて、刃先を相手に向けた。

「エイ、やー」

腹の底から湧き上がるかけ声とともに、片膝をついて、同時に相手の胸を刺し貫いた。その城将たちの首を、郎党たちは涙ながらに斬った。

*

魚津城落城は六月二日未明だったと『上杉三代日記』は記す。

何という運のなさであろう。あと二日持ちこたえていたならば、城将たちは死なずにすんだ。城将たちが死んだ、六月二日未明のまさに同じ時、京都本能寺で信長が光

この二日間の時間差——“残酷”としか言いようがない！

秀に弑逆《しいぎゃく》されたのだ。

勝家が魚津城で主君信長の訃報《ふほう》に接するのは二日後の四日である。柴田軍は春日山城への進軍を止めたばかりか、魚津城からも兵を引いた。

そこで景勝は救われた。越後に侵攻した長可も一益もあわてて撤退したからだ。光秀様々、上杉家は本能寺の変によって、命拾いをしたのである。

だが、魚津城に死んだ城将たちにとって、この二日間の時間差は〝残酷〟としか言いようがない。神様は時にこのような悪さをする。そう思うと、この不運もまた怖い話である。

7

磔にされた老母

――明智光秀

明智光秀がなぜ京都本能寺を奇襲して、主君の織田信長を討ち果たしたのか。その理由はいまも謎のままである。

近年、主犯の黒幕がいたとの論議が華やかである。将軍の座を追われた足利義昭《あしかがよしあき》が操っていたという説、譲位をめぐり信長と対立していた正親町《おおぎまち》天皇の陰謀説、自らが神になろうとした信長を殺そうと外国人宣教師が仕かけたという説、この他にも羽柴秀吉、さらには徳川家康が仕組んだなどという突飛な説まで飛び出している。

しかし、これらを証拠づける史料は何もなく、昔から常に言われてきたのが怨恨《えんこん》説である。

その怨恨説も様々に取り沙汰されるが、最たるものは、信長が原因で、光秀の母が磔《はりつけ》にされて殺されたというものである。

＊

その悲劇の地は丹波八上《やかみ》城（兵庫県篠山《ささやま》市）である。篠山盆地の真ん中に、丹波富

光秀の母は、なぜ磔にされなければならなかったのか——？

士の愛称で親しまれる、円錐形をした標高四百五十九メートルの朝路山《あさじやま》があり、これを全山城塞化した八上城がある。

八上城跡は麓《ふもと》から茶屋丸《ちゃやのまる》を経由して、整備された登山道を進むと、三の丸、二の丸を通って五十分ほどで山頂の本丸に至る。そこから反対側に真っ直ぐに下る道を駆け下りると中腹に、杉木立に覆われ、苔《こけ》がむし、倒木が道をふさぐ場所に出る。「毒蛇《どくへび》注意」の立て札に思わず足がすくむ。そこに直径三メートルほどの井戸跡のようなところがあり、朝路池と呼ばれる。急いで逆もどりすると、灌木《かんぼく》の中に、まだ若い松が生え伸びていた。「はりつけ松跡」の標識がある。朝路池のすぐ近くである。

ここで光秀の母は殺された。昭和初期まで老松の根株が残っていたという。その松に母は吊《つ》るされて、槍で突き殺されたとの伝承が地元にある。

「はりつけ松跡」の標識から六十メートルほど下った場所に血洗池があった。血洗池《ちあらいいけ》は土砂崩れで消滅したが、母を殺した血のりのついた槍を洗った池とされる。

＊

天正三（一五七五）年六月、信長は光秀に丹波攻略を命じる。京都の西外れ、嵐山から保津川《ほづがわ》を遡《さかのぼ》れば、すでにそこは丹波の地である。

丹波は山が深く、しかも京都を攻撃しやすい。応仁の乱ではゲリラがたびたび京都を侵した。鎌倉末期には足利尊氏《たかうじ》が丹波から兵を進め、北条氏の六波羅《ろくはら》を攻めて滅ぼし、天皇方に寝返った。皮肉にも後に光秀が本能寺に信長を殺すのも、丹波からの出撃だった。

このようなことから明らかなように、京都を平穏に保つには、丹波を掌中にすることが不可欠だった。信長も丹波を重視して光秀を送り込んだのである。

はじめ光秀が丹波に入ると、波多野秀治《はたのひではる》（稙通《たねみち》の孫）が協力し、国人《こくじん》の半分もが光秀に従い、氷上《ひかみ》郡の赤井直正を一緒に攻めた。

ところが翌年正月、秀治は突如背いた。当時、波多野氏の威勢は強く、丹波・但馬・摂津にかけて四十余城、三十余砦を押さえていた。

光秀軍は波多野氏の裏切りに京都に逃げ帰る。秀治は執拗《しつよう》に光秀を追いかけて、桂川の対岸に陣し、兵士一人ひとりに数本の松明を持たせ、さも大勢に見せかけて、桂川を越えて夜襲してきた。光秀の諸陣は総崩れとなり、光秀は粟田口《あわたぐち》から山科《やましな》を経て、近江坂本城まで逃げ帰るという、無様《ぶざま》な敗北を喫した。

この波多野氏の勝利で、国人は離れ、光秀の丹波制圧は困難なものになる。

一ヵ月後、光秀は態勢を立て直して丹波に入るが、強硬策を取らず、和睦による制圧を主眼にした。

実は強硬策を取りたくても取れなかったのだ。信長の部将たちは全国に展開し、光秀も丹波だけに張りつくことはできず、大坂（石山）本願寺攻め、また裏切った松永久秀《ひさひで》の攻略といったように、方々の戦いを助勢しなければならなかったからである。

だが、もちろん戦わねばならぬところでは、信長も応援部隊を出し、和戦両用の戦法によって、光秀は丹波での支配地を徐々に広げていった。

特に京都に近い口丹波（京都府）を制圧して、天正六（一五七八）年三月からいよいよ八上城攻略に取りかかった。

天然の要害・八上城を正攻法で攻めるのは無理とわかった光秀は兵糧攻めにする。

光秀は周囲十二キロに堀を掘って、幾重にも塀《へい》と柵《さく》をめぐらし、町屋風に小屋をかけさせて監視を厳重にして、城への出入りを封鎖した。

この間、光秀本人は大坂本願寺攻めを手伝ったかと思ったら、播磨《はりま》（兵庫県）に赴《おもむ》いて、秀吉が攻める上月城《こうづき》（兵庫県佐用町《さよう》）の後詰《ごづ》めの任務を請け負い、また織田信忠に従い神吉城《かんき》（同県加古川市）にも出撃するなど、八面六臂《はちめんろっぴ》の忙しさだった。

天正七（一五七九）年に入って、光秀は八上城を取り巻く波多野シンパの諸城を猛撃した。波多野一族が守る氷上城（同県丹波市）では、宗長《むねなが》・宗貞《むねさだ》の兄弟が城を出て、光秀軍と戦い敗れ自害した。また小さな城々を落として、八上城の手足をもぎ、奪い取った本目城《ほんめじょう》（神尾山城《かんのおさんじょう》・京都府亀岡市）を、八上城攻略の本営とする。

兵糧攻めから一年二ヵ月、八上城の兵糧は底をついた。城の者たちは草の葉を食べてひもじさをしのぐが、草を食べ尽くすと、やむなく大切な牛馬を殺して口にし、紙さえも食したという。もちろん餓死者も出た。

その頃、光秀も焦り始めていた。それは秀吉へのライバル意識からだった。

光秀が八上城を兵糧攻めにしたのと時を同じくして、秀吉も播磨三木城《みき》（兵庫県三木市）の別所長治《べっしょながはる》を兵糧攻めにしていた。この長治の妻照子《てるこ》は、波多野秀治の娘だった。波多野と別所は連携しながら、信長方と対峙《たいじ》していたのだ。

光秀は織田家では外様《とざま》で、同じ外様の秀吉にだけは負けたくなかった。だから秀吉の攻めている三木城をいつも意識し、秀吉よりも早く八上城を陥落させたかったのである。

そこで最後は和睦に持ち込んで、開城させる作戦に出た。光秀はもちろんのこと、信長にしろ、波多野氏に遺恨があるわけではなかった。天下統一の旗印の下、丹波を平定するのが目的だった。波多野氏を信長に帰属させれば、それで目的は達せられる。

光秀は敵方の惨状を計算に入れて、和議を申し出た。だが秀治とその弟の秀尚《ひでなお》は、多くの殺戮《さつりく》を平然と繰り返す信長を信用できないとして拒否した。

食糧がなく、士気も衰えて、城外への逃亡をはかる兵士も目立ち始めた。その敵城を一気に攻めれば、勝利は間違いないであろう。しかし相手は死を恐れず戦い、味方にも大きな損害が出ることは必至だった。光秀は味方の兵を大事にして、なるべく戦わずして勝つ戦略を信条としていた。

そこで母を人質に送ることにした。信長は信用できなくても、命にも代えがたい母を敵に送れば、相手も信用するに違いなかったからだ。

果たして光秀の策を波多野兄弟は受け入れ、五月二十八日に和睦が成立した。

六月二日、光秀の母が八上城に入ると、秀治・秀尚兄弟は入れ替わりに、警護の兵士に守られて城を出、光秀が本営とする本目城に入った。

光秀の母の年齢ははっきりしない。『明智軍記』によれば、光秀はこの時に五十二歳だった。ならば当時、十五歳ほどで光秀を産んだと仮定して、母は七十歳近かったと思われる。彼女はお牧《まき》の方と言われ、夫を早くに亡くして、実家の若狭小浜《わかさおばま》（福井県小浜市）に帰って再婚したとされる。だが息子光秀の出世に従い、老いて後、近江坂本城に住んだようだ。

その母お牧の方は息子の願いによって、進んで人質になったのだった。

一方、本目城に入った波多野兄弟を光秀は歓迎して酒宴を開いた。だがそれは偽りの酒宴だった。信長が平和裏の収拾を喜ばなかったからだ。

『絵本太閤記《えほんたいこうき》』によれば、光秀が兄弟を供応する障子《しょうじ》の陰、屏風《びょうぶ》の隈に、力者数十人を潜《ひそ》ませ、一斉に踏み込ませた。秀治と秀尚は太刀《たち》を引き抜いて抵抗したが、大勢の力者に押さえ込まれた。秀治は手に大けがをし、随行の従者十一人も捕らえられた。

光秀は兄弟に「約束を違え、そなたらを捕らえたが、これは光秀の本心ではない。信長公の命令に逆らえなかったからだ。我は母を城中に入れており、そなたらを裏切り計略にかける気持ちなど、さらさらなかった。汝《なんじ》ら兄弟の命は、光秀の功績に替え、助命の沙汰《さた》をもらうので、安心召されて、安土《あづち》に赴かれよ。波多野家相続の儀も、光秀悪くは計らいはせぬ」と言ったが、二人は一言も発しなかった。

かくて波多野兄弟は安土に護送される。だが秀治は負傷した傷が重く、道中で苦しみ、安土に到着する前に死んでしまう。また弟秀尚も安土で自害した。

いずれにしろ、波多野兄弟は信長によって殺され、光秀は兄弟の命を助けるといった約束を破った。

真っ青になったのは光秀である。これでは八上城に送った、かけがえのない母が殺される。だが母をすぐに救い出す手立てはなかった。

八上城の面々が「謀計《はかりごと》をもって主人兄弟を捕らえて誅《ちゆう》するは、言語に絶えたる不道《ふどう》の行跡《ふるまい》」と熱《いき》り立ったのは当然である。

有無を言わさず老いた光秀の母を引き摺《ず》り出し、大手の門にあった樹木に吊り上げ、磔にかけて殺した。

母はこのようなこともあろうかと、覚悟の上の死で、狼狽《ろうばい》することなく殺された。遺体は武士の情けによって、光秀の元に届けられた。

その八上城では、秀治の義弟の二階堂秀香《にかいどうひでたか》らの将兵がなお籠城を続けた。だが光秀の母を殺したからには、生きて城を出られるとは誰も思っていなかった。

光秀の母を殺してから、なお二ヵ月近く抵抗したが、食糧難はどうしようもなく、八月二日、本丸に火を放って、ことごとく自刃し、八上城は落城した。

＊

八上城で母を惨殺《ざんさつ》された光秀は、自分の願いを無視して、波多野兄弟を殺した信長を恨んだ。

信長はそんな光秀に頓着《とんじゃく》せず、五年かけて丹波を掌握した光秀の力量を称賛した。「永々、丹波にあって粉骨をつくし、しばしばの高名、名誉は比類なきものなり」と感状で褒めただけではない。大坂本願寺の制圧時においても、光秀を「天下に面目をほどこし候」として、その活躍を織田家臣団の中で一番に称賛した。

光秀にすでに与えていた近江滋賀郡五万石に加えて、丹波一国二十九万石を付与されたのである。

しかし光秀にとって、二十九万石と母の命のどちらが重かったのか。

光秀は母を磔刑《たっけい》にされた無念を抱き続けた。それが本能寺の変の原因であったのかはわからない。

だが、おそらく自らも死を迎えるその瞬間まで、光秀の心の中にその無念がくすぶり続けていただろうことは想像にかたくない。

8

父の介錯をした娘

――黒木家永

武士はひとたび戦場に出れば、飯《めし》の仕度から、洗濯、繕《つくろ》い物まで、家にあれば妻や母親がやってくれることも、すべて自分でやらなければならなかった。

客のもてなしに、厨房《ちゅうぼう》に入って包丁を持つ武将もいた。伊達政宗《だてまさむね》は「料理心のない者は、情けない心の持ち主である」と言って、料理を楽しんだという。

武家の娘もまた、剣を習い、薙刀《なぎなた》の修行に励み、乗馬もこなすのが普通だった。落城の時など、敵から辱《はずかし》めを受けぬために、自害の仕方を学んだだけではない。時には頼もしい戦力ともなったのである。

たとえば、大山祇《おおやまつみ》神社の神官の娘で十六歳の鶴姫は、大内義隆《よしたか》の水軍が神社の鎮座する大三島《おおみしま》（愛媛県今治市）を攻めた時、藍染《あいぞ》めの甲冑《かっちゅう》をつけ、大薙刀を振るって敵と斬《き》り結んで奮戦した。さらに二年後には、小舟から敵船に乗り移って、太刀《たち》を振るい、敵首数十を討ち取ったとされる。

また本間一族の抗争が続いた越後の佐渡島にあっては「あいごの前」という、無双の女武将がいた。島内一の美女との評判が高い彼女は、力が強く、刀・弓・薙刀にすぐれていた。「あいごの前」は戦いとなれば、上品な鎧《よろい》をつけ、一方の大将となって、二百騎を率いて果敢に戦い、多くの武功を立てた。

女といえども、あなどりがたい武勇の士が、戦国の世には少なからずいたのである。

そして天正十二（一五八四）年、筑後は猫尾城《ねこお》（黒木城）、現在の福岡県八女市黒木町に、数え十三歳になる娘がいた。彼女はなかなかうまく剣を使った。だが、そんな彼女が遭遇した現実はあまりにも過酷なものだった。

＊

戦国期、筑後には一国を統一できるほどに他を圧する武将は出現せず、国人《こくじん》たちが割拠《かつきょ》していた。その国人たちの上に君臨したのが豊前《ぶぜん》（大分県）の大友氏であり、大友宗麟が筑後守護になった。

この大友氏に従属させられた主要な国人たちを「筑後十五城」と称した。その有力国人の中で、柳川城の蒲池《かまち》氏に次いで第二の実力を誇ったのが、黒木城主で上妻郡二万石を所有する黒木家永《いえなが》だったのである。

筑後十五城の国人たちは大友氏の衰退にあわせ、台頭する竜造寺《りゅうぞうじ》氏に圧迫され、また急速に勢力を拡大させてきた島津氏に翻弄された。その風圧を黒木氏はまともに受けた。

天正六（一五七八）年十一月、宗麟は日向《ひゅうが》（宮崎県）に兵を進め、耳川《みみがわ》の戦いで島津氏に大敗し、すぐれた家臣たちを数多く失った。これを好機と見た竜造寺隆信《たかのぶ》は家永に味方になるように再三にわたり使者を送ってきたが、家永は拒み続けた。

隆信は翌年、筑後に攻め込み、最大勢力の蒲池氏をだまして誘殺し、屈伏《くっぷく》させた。

そんな非情な隆信の行為に、黒木氏ら筑後の国人たちは恭順しなかった。時に家永の実弟・益種《ますたね》は蒲船津《かまふなつ》城（福岡県柳川市）を守備していたが、竜造寺軍を率いる鍋島《なべしま》直茂《なおしげ》に討ち取られる。この時に家永の嫡子で二十歳だった定実《さだざね》も討ち死にし、黒木氏はついに竜造寺氏に屈伏した。

竜造寺氏は黒木氏の二男の四郎丸（延実《のぶざね》）を人質に求め、家永は断腸の思いでこれに応じた。ここに黒木氏は大友氏から竜造寺氏に寝返らざるを得なくなったのである。

*

ところで、家永には二男三女がいた。嫡子定実は戦死し、二男四郎丸は竜造寺の本拠・佐嘉《さが》（佐賀市）に人質として送られた。男の子は家永の元に誰もいなくなってしまった。娘たちはといえば、長女は高良大社《こうらたいしゃ》の座主《ざす》・麟圭《りんけい》の内室になっており、二女も座主の元にいて、後に毛利《もうり》秀包《ひでかね》の家臣・林次郎兵衛の妻になった。

五人の子どもがありながら、手元には三女が一人いただけである。また妻の存在がまったく記録にないところを見ると、すでに死んでいたと思われる。

それだけに家永は手元に残った末っ子が可愛く、溺愛していた。この少女の名は残念ながら伝わっていないが、武術を好んで、日々修行に余念がなく、その力量は他の少年をも圧していて、家永には何とも頼もしい存在だったのである。

天正十二（一五八四）年、竜造寺隆信は、島津・有馬《ありま》連合軍と島原沖田畷《おきたなわて》で戦い、戦死する。

凋落《ちょうらく》の著しかった大友氏は、隆信の死を反攻の好機ととらえた。大友氏は宗麟が家督を息子の義統《よしむね》に譲っていた。その義統は黒木氏を誅伐《ちゅうばつ》し、筑後での権威を回復しようと黒木氏の城・猫尾城を一万二千の兵で攻めた。黒木方は竜造寺から二千の援軍をもらい、五千余の兵でこれを迎え撃つ。

ところが耳川合戦ですぐれた家臣を失っていた大友軍は、人数は多いが、すぐれた指揮官がおらず、しかも士気も上がらず、攻めあぐねて三ヵ月近く膠着《こうちやく》状態が続いた。

義統はいらだちを我慢できずに、大友家の重鎮《じゆうちん》・戸次《べつき》（立花《たちばな》）道雪《どうせつ》と高橋紹運《じようん》に応援を求めた。多くの有力家臣が大友氏に見切りをつけて離反する中、道雪と紹運だけは、筑前を守って大友氏に忠義を尽くしていた。

二人は現地に着くと、さっそく猫尾城の構えを観察して、まともに攻めれば、いたずらに死傷者が出ると判断し、調略《ちようりやく》によって猫尾城を陥落させる手段に出た。

それは黒木方に内応者を得ることだった。

二人は椿原式部《つばはらしきぶ》正治《まさはる》に目をつけた。猫尾城には鬼門《きもん》（東北）の方角に支城の高牟礼《たかむれ》城があった。椿原はこの城を守備する黒木氏の家老だった。椿原に対して、内通すれば家永の死後は椿原を猫尾城の跡目とし、黒木氏の存続は保証すると約束をし、味方につけることに成功する。

椿原は高牟礼城から猫尾城に向けて発砲する。谷をへだてて銃弾が届くことはなかった。しかし黒木家の家老が裏切った衝撃は絶大で、籠城者の士気はなえた。また家老に心を寄せる者たちが猫尾城にもいた。

家永の衝撃が最も大きかったことは言うまでもない。城内の動揺を見て、敗北は免れられないと悟る。こうなった以上は堂々と戦い、潔く死のうと覚悟する。

猫尾城の長所や弱点をよくわかっていた椿原は、夜陰《やいん》にまぎれて忍びの者を潜伏させ、城中に火をつけさせた。すると家老に味方する者もこれに応じ、他の曲輪《くるわ》からも火の手が上がり、城内は大混乱に陥った。すかさず忍びの者が門の閂《かんぬき》を外し、大友軍を呼び込んだ。

またたく間に、三の丸が落ち、大堀を越えて本丸に大友軍は迫った。反対側の二の丸からも馬の背状に続く馬場を突破して大友軍は本丸に殺到した。火勢もまた本丸に及んだ。家永を守る近習《きんじゅう》たちは次々に討たれた。

＊

家永は迫る敵を払いのけ、また火に追われて、本丸の櫓《やぐら》の二階に追い詰められた。

気がつけば、家永の周辺の者たちは討たれて誰もおらず、武勇にすぐれた十三歳の末娘がたった一人、父を守っているだけであった。

本丸の居館もすでに火にかかり、火は風を呼んで、櫓に激しく炎が吹きかかる。敵味方の雄叫《おたけ》びが耳をつんざき、煙が激しく櫓に流れ込む。

すると刀槍《とうそう》に討たれる悲鳴とともに、櫓に乱入してきた敵方のけたたましい足音が階下に響いた。

床几《しょうぎ》に座った家永は〈我が寿命もこれまでか〉と観念し、横に控える末娘の顔をのぞき見して、薄く笑った。娘も悲しそうな笑顔を返した。

父は甲冑をまとっていた娘の手を握る。

「生きてここを出ることはできまい。敵の手にかかるよりも、潔くここで腹をかき切って果てる所存だ」

娘はわかっていた。娘も一緒に死のうとうなずき、手を強く握り返した。

その時、父が言う。

「この父の介錯《かいしゃく》をしてくれぬか」

何を言っているのだろうかと、娘は意味がわからなかった。火の音も喚声も聞こえなくなった。心に冷たいものが走って、転瞬《てんしゅん》、ハッとなった。思わず父の手を放していた。

「いやー！」と叫んで、首を振った。父はやさしいまなざしで娘を見る。

「な、頼む」

その時、階下の足音がいちだんと大きくなった。

〈自分がやらねば、誰が父の介錯をするのか〉

拒めば、父は敵につかまる。これほどの恥辱はない。恐怖心が湧く。

〈父に刃《やいば》を向けることが、いま父にしてあげられる、一番の親孝行なのだ〉

十三歳の少女はそれに気づいた。

急がねば敵が飛び込んでくる。娘の返答を待たず、父は板床に座り込み、武具を脱ぎ捨てると、着衣の前をはだけた。袖を引き裂いて、刃の中程にそれを巻きつけると、逆さに刀を持った。

娘は反射的に父の後ろに立っていた。しかも無意識に刀を抜いていた。涙で曇って、目が霞む。手が震えた。しくじっては父を苦しませる。

父の後ろ姿が、涙で幻のようになり、自分から心が抜けていくように思えた。

「娘よ、さらばじゃ」

父がそう一言言った気がした。父は体を前に突き出すようにして、両腕を引き絞る。

「ぐおっ」という、叫びとも呻《うめ》きともつかぬ声がした。父は刀を腹に突き刺していた。

少女は夢とも現実《うつつ》ともつかぬ世界の中で、呼吸を整えると、口を結び、歯に力をためた。上段に刀をかざし、前へ倒れ込もうとする父の首に向かって、刀を振り下ろした。

「お父上」

首が前へ飛び、血が噴き上がった。

顔に血潮がかかる。生暖かい。心臓が早鐘を打っている。

少女はころげるようにしてひざまずき、床に落ちた首をすくい上げるようにして、懐に抱きかかえた。

重かった。ずっしりとした重みを、少女は全身で受け止めた。

娘は血の匂いの中にいた。真空となった心と体に、階段を駆け上がってくる敵のけたたましい足音がよみがえった。

少女は我に引き戻された。胸に抱えた父の首、血の海の中にある骸《むくろ》に慄然《りつぜん》とする。

「娘よ、さらばじゃ」——父がそう一言、言った気がした。

怒りがよみがえり、体を突き抜けた。敵が一人、また一人現れる。少女は阿修羅《あしゅら》になっていた。

左手に父の首を抱え、右手で刀を拾うと、血潮に濡れた顔を怒《いか》らせて敵に突進した。炎に照らされた憤怒《ふんぬ》の形相《ぎょうそう》、手にした生首《なまくび》に敵兵はひるむ。その敵に少女は飛び込んで、これを斬り倒した。また一人、少女の剣が敵の胸を刺し貫く。

敵はおじけづき、階下に後退した。

態勢を立て直して、敵が再び二階に攻め上《のぼ》ろうとする。少女は階上に仁王立ちになった。溢れる涙は止まらない。剣先を少女に向けて、駆け上ってこようとする敵に、少女は手にした血に濡れた太刀《たち》を放り投げた。

そして無限の悲しみを込めて、父の首を力任せに敵兵に投げつけると、どどっとその場にくずおれた。

＊

黒木氏は滅び、少女は捕らえられた。女のゆえに罰をこうむることはなかった。

大友軍は少女を、長女が嫁ぐ高良大社の座主・麟圭の元に送った。少女の勇気が称賛された。妻にしたいという武士が多く現れた。彼女はやがて佐賀藩主の鍋島直茂の家臣、大木兵部輔主計《ひょうぶのすけかずえ》の妻になり、権左衛門《ごんざえもん》と利右衛門《りえもん》の二人の息子にめぐまれる。

十三歳の娘が敵に囲まれた異常な雰囲気の下、父の切腹の介錯をし、見事に父の名誉を守った。戦国の世でも前代未聞のことである。

残酷ではあるが、父と娘の〝絆《きずな》〟を深く感じさせる、美しい話でもある。

9

外の敵、中の敵

——丹羽長秀

病気は怖い。苦しんで死にたくない、と誰もがそう思う。

戦国時代、病気の痛みに苦しめられた武将の一人に丹羽《にわ》長秀《ながひで》がいる。

長秀にとって、敵は押し寄せる軍勢だけではない。体の中にも、病気という敵がいて、人間はその内なる敵とも戦わねばならないと言っている。

だが、彼は病苦に勝てなかった。

信長の下、勇将であり、智将であったが、病気に対しては敗将《はいしょう》となった。敗将としての責任を、彼は自害という形で決着をつける。

そしてその自害には、もう一つ大きな意味があった。

*

織田信長の有力部将たちを織り込んだ小歌がはやった。

「木綿藤吉《もめんとうきち》・米五郎左《こめごろうざ》、掛かれ柴田に退《の》き佐久間」

この歌を講釈すればこうなる。

勇将・長秀が自害した“本当の理由”とは——？

木綿はきれいな高級品ではないが、何にでも使えて便利この上ない。それが木下藤吉郎（後の豊臣秀吉）である。五郎左は長秀のことである。米は生きる上に欠かせぬ主食である。長秀はそんな存在であった。柴田勝家は先鋒《せんぽう》に据えれば必ず勝った。退き口のうまさでは佐久間信盛である。

つまり、この四人が信長になくてはならぬ部将であると歌っているのである。

長秀は十五歳の時より信長に従い、桶狭間《おけはざま》の戦いにも参戦している。早くから一角《ひとかど》の大将となると同時に、政治面でも重きをなし、年来の活躍を称され、元亀《げんき》二（一五七一）年に近江佐和山《さわやま》城（滋賀県彦根市）五万石となり、一国一城の主となった。

藤吉郎秀吉が出世していく過程で、模範としたのは、織田家重鎮《じゅうちん》の勝家と、藤吉郎とは二つしか年が違わない長秀だった。二人にあやかりたいとして、藤吉郎は柴田と丹羽のそれぞれの姓の一字をもらい、信長に許されて「羽柴」を名乗った。

それほどに長秀は輝いていた。

＊

そんな長秀の将来に深刻な影響を及ぼしたのは、本能寺における主君信長の死であった。

主君を失った長秀は、秀吉と共同歩調を取るようになった。しかし、あくまでも主導権は秀吉が握っていた。信長の後継者を選ぶ清洲会議ではすべて秀吉の意見に賛成した。

その秀吉は、長秀に対して実に狡猾《こうかつ》だった。信長の宿老といえた長秀を完全に、自分の家臣と同等に扱う。その一方で、美濃《みの》などに禁制を出す時などは、長秀の威光を借りて、秀吉・長秀の連名にした。

だが長秀はあえて秀吉に異議を唱えなかった。むしろ積極的に協力した。

その長秀の力量が最も発揮されたのは、賤ケ岳《しずがたけ》合戦である。この戦いは織田家を守ろうとする勝家と、織田家から天下を奪おうとする秀吉の戦いだった。

この時、長秀は琵琶湖湖畔の坂本城にあった。勝家と秀吉は睨《にら》み合ったままの膠着《こうちゃく》状態となった。秀吉は一部の兵を割いて、勝家に味方する織田信孝《のぶたか》を先に討とうと岐阜城に向かった。長秀は手薄になった秀吉軍を心配して、わずか一千余りの兵を乗せて、船で坂本城を出発した。

賤ヶ岳が近くなるにつれ、鉄砲の音がおびただしく聞こえ、渚《なぎさ》に旗指物《はたさしもの》が激しく立ち騒ぐのが見えた。秀吉の留守中、勝家方が戦いを仕かけたに違いなかった。

長秀は伸び上がるように渚を見つめ、「急ぎ船を岸辺につけよ」と命じた。すると家臣らは「このまま坂本城に引き返し、城を堅固に守ることこそ肝要かと存じまする」と献策した。

「いやならぬ。ただちに上陸せよ。弓箭《ゆみや》を取る者は時を外し、義を汚せば、必ずや破滅を迎えよう」と言った。それでも納得しない家臣の中には、一度戻って態勢を立て直し、攻めるべきだと、なお言い張った。これに長秀は首を横に振った。

「機会を逸してはならぬ。賤ヶ岳の城に加勢するのだ。『長秀ここに籠りたる』と敵方に聞こえれば、さぞ敵は多勢ならんと思うであろう。そうして敵を威圧するのだ」

と下知《げじ》して、船を急ぎ渚に漕《こ》ぎ寄せさせた。

そこで長秀は勝家の甥《おい》・佐久間盛政が率いる敵軍が、大岩山砦《おおいわやまとりで》の中川清秀《きよひで》を襲い、清秀が討ち死にしたことを知る。しかも向こう隣の高山右近《うこん》の砦も落ちたことがわかった。

大岩山砦のこちら隣、賤ヶ岳砦を守る桑山重晴《くわやましげはる》も、戦わずして降伏し、白旗を掲げて山を下りようとしていた。

敵はまだ賤ヶ岳砦を押さえてはいなかった。長秀は急ぎ重晴に戻るように促し、自ら賤ヶ岳砦に登って、旗指物を群立させ、敵に援軍到来を知らしめた。

ここに秀吉軍の潰走《かいそう》を、長秀は水際で食い止めたのである。その後、秀吉が戻って、盛政の軍勢を破った。

賤ヶ岳の戦いで長秀が果たした役割は決して小さくはなかった。秀吉はそれをよく知っていた。だから賤ヶ岳に勝利し、勝家を越前北ノ庄《きたのしょう》城（福井市）に滅ぼすと、その越前一国に加え、加賀国で能美《のみ》と江沼の二郡の合計百二十三万石を長秀に与えたのである。まさに秀吉家臣で最大の石高を得たのだった。

＊

長秀は秀吉に素直に従い、表面は穏やかであった。

しかし、その心の内は複雑であった。いまや後輩の秀吉にひざまずかねばならない屈辱はもちろんあった。しかしそれよりも、信長への尊敬の念がいまだ厚い長秀にとって、秀吉が信長の一族をないがしろにし、織田家から天下を奪い取ったことが腹に据えかねていた。

長秀は信長の養女を妻にしていた。その妻は信長の妾腹《しょうふく》の兄・信広《のぶひろ》の娘であった。さらに秀吉は長秀を越前の大大名に据えたこの年、長秀の十二歳になる嫡子・長重《ながしげ》に、信長の十歳になる娘を与えた。

長秀にとって妻も嫁も織田家の女であった。それなのに秀吉は勝家に味方した信長の三男・信孝を殺し、さらに二男の信雄《のぶかつ》を圧迫しだした。口には出せないが、秀吉への不満が長秀の心に鬱積《うつせき》し、これが大きなストレスとなった。

またもう一つ、長秀を大いに苦しめた要因がある。

それはまだ長秀が信長の家臣だった頃、信長が越前の朝倉氏を滅ぼした時の話だ。天正元（一五七三）年、信長は朝倉義景《よしかげ》を自刃に追い込み、その愛妾と母、嫡子を捕らえた。

この三人を京都に連行し、都に入れる前に殺せ、というのが、信長から長秀に下された命令だった。

長秀は殺す場所を探しながら帰里《かえるのさと》までやってきた。ここは京都から来る旅人たちにとって、越《こし》の国（越前・越中・越後）への入り口にあたった。

殺す場所を探しながら来た長秀にとって、越前の国はここで終わる。それはまずいと思った。見れば人家もまばらな街道脇の山の斜面に、円覚寺《えんかくじ》という小さな堂宇《どうう》があった。

「ここしかない」

長秀は心を決すると、三人を馬から下ろし、堂宇へと引き立てた。

仏が見つめる板の間に、義景の愛妾・小少将《こしょうしょう》は後ろ手に縛られて体を押さえつけられるようにして座らされた。

「この子だけは……」

小少将は長秀を見上げて訴えた。

「不憫《ふびん》だが許せ」

涙が小少将の顔を濡らす。その母（姑《しゅうとめ》）の広徳院《こうとくいん》も観念したように目を閉じ、念仏を唱える。護送を預かる奉行が、鞘《さや》から白刃を抜いて、小少将の前にかがんだ。後ろから男が小少将の体を起こす。

「息子の死を見届けるのは辛かろう。せめてもの慈悲と思え」

そう言って片膝をつくと、奉行の刃先が早くも小少将の心臓をえぐっていた。同じ刃《やいば》は息子の愛王丸《あいおうまる》、そして広徳院の胸をも刺し貫く。泣き叫ぶ乳母の命をも奪う。

長秀によって朝倉宗家の血は、ここに途絶えた。

*

それからちょうど十年、長秀はその越前の大守となった。

体の変調は越前城主になってすぐにやってきた。病魔に襲われた時、おそらく長秀はこれを祟《たた》りと感じたに違いない。

天正十三（一五八五）年四月、北ノ庄城で長秀は体の中の手強い敵に苦しめられていた。

十四日、長秀は激痛の中で秀吉に手紙を書いた。秀吉に恨みなど見せぬ穏やかな内容だった。

「数日前までは、途中で死んでも上洛しようと思っておりました。しかし治療の効果はなく、京都に上ることはあきらめました。日頃、お目をかけて下さり、大国をも頂きましたが、何のご用にも立てないことが悔しくてなりませぬが、致し方ありません。跡目のことは、倅《せがれ》や家中の者をご覧になり、その力量に従って、ご命じ下さい。こんなものは如何とは存じますが、荒身《あらみ》藤四郎の脇差、大剛の刀、市絵を形見として差し上げます。これを我と思って下さい」

秀吉への遺書である。最後まで長秀は秀吉に意見することも、刃向かうこともしなかった。逆に息子への無事な家督継承、丹羽家の安泰を願って低姿勢である。

この手紙を書いた後、長秀は苦痛から逃れようとして、腹を切ったとされる。

しかし『藩翰譜《はんかんふ》』（新井白石著）は、切腹を秀吉への面当《つらあ》てのように記している。長秀は積聚《しやくじゆ》という病気を患っていたという。積聚とは胸や腹に起こる激痛のこと。結石や胃けいれんなどの類である。

痛さのあまり、長秀は腹をかき切って、自分を苦しめる敵を見ようとした。勇敢にもかき切った腹から、腸を取り出して見ると〝奇異《きい》の曲者《くせもの》〟が出てきた。形が鷹《たか》の鋭いくちばしのように尖《とが》って曲がったような石であった。石の背中に刀の当たった跡があった。

この腹から出た石を家臣に手紙とともに持たせて、京都へ派遣した。

石と手紙を受け取った秀吉はびっくり仰天し、息子に家督をそっくり与えることを、固く誓った。その返事を聞いて、安心して長秀は五十一歳の生涯を閉じたという。

もちろん、腹を切って、使者が越前と京都を往復する数日の間、生きているのは不可能だ。これは事実ではあるまい。長秀は腹を切った日に死んだのである。

しかし、『藩翰譜』が記す本当の切腹理由にはうなずけるものがある。

切腹は秀吉が信孝を殺すなどし、天下を織田家から奪った悔しさからだった。謀《はかりごと》をめぐらし、秀吉を葬る力は自分にはない。だからといって、長生きをして世間から後ろ指をさされるのも恥だとして、自ら命を絶ったというのだ。

さらに『藩翰譜』には、こんな言葉がある。

「病に犯《おか》されて自害しぬと云ふは、子孫の後栄を思ひ、かくは披露したりとも申すなり」

つまり丹羽家は長秀の切腹を、病苦という理由だけにして公表することで、家門を守ったというのだ。

秀吉の下で、かつての主君を裏切る苦しさに身をも蝕《むしば》まれていった長秀。その命に込めた思いすら伝えることがかなわなかったとすれば、何とも悲しい話ではないか。

10

落城の悲劇（1）

――上野高徳

自分が最も大切にしている者の命を奪う。これほど残酷なことはなく、また落城の際にあっては、これほど愛情深いものはなかった。戦国の世では、愛する妻・愛する息子娘たちを道連れに、自刃する悲劇がしばしば起こった。

城は戦いのための建造物である。だから強固な戦闘設備を有する。しかし城は一方で、ふだんは家族が生活する場であった。そのため落城の時、女・子どもの犠牲が頻発し、数多くの哀話が生まれたのである。その最期、城主は妻や子どもなど、肉親を愛するがゆえに、家臣ら人の手を借りず、自らの手で殺し、また城主夫人も腹を痛めた我が子だからこそ他人には任せず、幼い命を自ら奪ったのだった。

その残酷で哀切極まりない悲劇を、備前常山《びぜんつねやま》城の上野高徳《うえのたかのり》、播磨三木《はりまみき》城の別所長治《べっしょながはる》、越前北ノ庄《えちぜんきたのしょう》城の柴田勝家の三武将の滅亡を通して探ってみよう。

本州と四国を結ぶ瀬戸内海の本四架橋《ほんしかきょう》が望める常山城（岡山県玉野市）は、天正三（一五七五）年六月に六千五百の毛利軍に包囲された。それは、常山城城主上野高徳の妻の実家である三村家親《みむらいえちか》が織田信長に味方したからだった。

その選択は先見の明があったのだが、不幸にも味方するのが早すぎた。羽柴秀吉はまだ播磨にも入っていない時期で、孤立無縁となった。

家親は毛利軍の猛攻を受けて、備中《びっちゅう》松山城（岡山県高梁《たかはし》市）に滅ぶ。その毛利軍は三村一族の常山城をも叩き潰しにかかった。

常山城の大手木戸が破られ、二の丸が奪われて、常山山頂の本丸を残すのみとなる。『児島常山軍記』『備中兵乱記』によれば、七日の明け方、高徳は女性も加わっての酒宴を開いて別れの盃《さかずき》を交わした。そして辰《たつ》の刻《こく》（午前八時）、「一類《いちるい》自害いたす」と毛利軍に告げた。

五十七歳になる継母が「息子高徳の腹を切るのを見れば、目が回り心もくらんでしまう。だから皆より先に自害したい」と言って、縁の柱に刀の柄を縄で巻きつけ、刃先が胸の高さになるように固定した。そして「お先に参る」と言って突進して、胸を貫いた。

高徳は「五逆の罪（主君・父・母・祖父・祖母を殺すこと）は恐ろしいがやむを得ぬ」と言うと、その継母の首を自らの手で落とした。

嫡子高秀《たかひで》は十五歳で、けなげにも父の介錯《かいしゃく》は自分がしようと思っていたが、少年ゆえに最後まで残れば、未練も生まれ、それが元で敵につかまって殺されでもしたら、不面目として、先に死ぬことを願った。父高徳は「我が子ながらも感心なことである」と喜び、息子と涙を流し合った。高秀は押し肌を脱ぐと「三途《さんず》のさきがけ仕《つかまつ》る」と言って十文字《じゆうもんじ》に腹を切った。体がグラッと揺れて、前のめりになるところを、すかさず高徳が白刃を打ち下ろし、息子の首は血を噴いて、前に転げ落ちた。

高徳は涙に暮れながら、続いて八歳になる二男を引き寄せて、胸を二突きした。

修羅場はさらに続く。高徳には十六歳の妹がいた。その妹の母は一番に死んだ、高徳には継母にあたる女性だった。妹は母が胸を突いた柱に固定してあった、血に濡れた刀の元に走って、乳房の辺りを刺し貫いた。そのとどめも、もちろん高徳が刺した。

我が息子や義母らが死んでいくのを、悔しさに打ち震えながら見守っていたのは、三十三歳の妻鶴姫であった。父の三村家親をはじめ、実母も兄弟姉妹も毛利に討ち果たされてすでにいない。毛利への憎しみに、胸が煮えたぎっていた。

鶴姫は男まさりの剣《けん》の使い手であった。

「最後にかたき一騎《いつき》も討たずに、むざむざと自害するのは悔しすぎる」

「最後にかたき一騎も討たずに、むざむざと自害するのは
悔しすぎる」

そう叫ぶと、元々鎧《よろい》をつけていた彼女は、黒髪を兜《かぶと》に包み込み、白柄《しろえ》の長刀《なぎなた》を取ると、広庭に飛び出す。

侍女が「女が戦えば、死後は修羅の責め苦に遭いまする」と制止すると、カラカラと男のように笑って、「己は、正邪《せいじゃ》は同じと観念し、この戦場を西方浄土《さいほうじょうど》とし、修羅の苦しみを極楽の営《いとな》みと思えば、何が苦しいことのござろう」と言った。

この城主夫人に触発され、侍女たち三十四人がこれに続いた。

本丸の門を開いて飛び出し、付近にいた七百人の毛利軍に斬《き》り込んだ。

鶴姫らの気迫が勝って、毛利軍に手負いの者が続出する。鶴姫は馬上に攻撃大将の浦宗勝《うらむねかつ》を見つけると、長刀を振り回して一文字に斬りかかった。

一騎打ちを迫る鶴姫に、宗勝は「そなたは女なれば相手はできぬ」と逃げた。

宗勝との勝負をあきらめた鶴姫は「これは父家親、秘蔵の国平《くにひら》が名刀、死後はそなたに差し上げよう。我らの後世を弔《とむら》って下され」と言い置いて、皆に引き揚げを命じた。

夫高徳の元に戻った鶴姫は「南無阿弥陀仏《なむあみだぶつ》」を念じながら、太刀《たち》を口にくわえて、そのまま身をうつぶせにして倒れ込んだ。血の海が広がる。

記録にはないが、その妻鶴姫が苦しまないように、最後にその首をかき切ったのは、夫高徳であったに違いない。

妻の介錯をした後、高徳は本丸の大石の上に登って腹を切り、弟小七郎が介錯した。

*

ところで、女性が自刃する際、胸を刺す場合と喉《のど》を突く場合が多いが、この鶴姫のように、口に刀を含んで死ぬ女性も少なくなかった。

刀を呑み込むようにして、自刃した女性で有名なのは、武田勝頼《かつより》の妻で、政子《まさこ》と呼ばれたともいう北条夫人である。まだ十九歳であった北条夫人は、武田氏が大菩薩《だいぼさつ》峠《とうげ》に向かう途中の田野《たの》の地（山梨県甲州市）で滅びる際、勝頼に存分に最後の戦いをして欲しいと願う。そこで足手まといにならぬようにと、戦い寸前に懐剣《かいけん》を抜き、命を絶つ。その時、彼女は夫の見ている前で、天を仰ぎ、懐剣を口に呑み込んで、柄を両手で喉元へと力一杯に引いて自害した。

北条夫人にしろ、鶴姫にしろ、言葉を失うほどの壮絶な死に様であった。

11

落城の悲劇（2）

——別所長治

家族一族の落城で、ひときわ涙を誘うのは播磨三木城《はりまみき》（兵庫県三木市）である。別所長治《べっしょながはる》が治める三木城は、羽柴秀吉に兵糧攻めにされる。一年十ヵ月も耐え抜いたが、ついに力尽きた。

『別所長治記』によると、「城中の食糧が尽きて食事を断たれること十日余り、諸侍《しょざむらい》の乗馬を刺し殺し兵糧にしたが、兵士は弱まり、塀下《へいした》や狭間《はざま》の陰に伏し倒れる」という状況に陥って、天正八（一五八〇）年一月十五日、長治はついに降伏の使者を秀吉の元に送ったという。

長治は自分の命と引き替えに、籠城兵士、婦女子、庶民の助命を願い、秀吉は承諾した。秀吉は敵もあっぱれと、食糧の尽きた城内に、酒樽《さかだる》二十と肴《さかな》いろいろを贈った。

十六日夜、一族・家臣は秀吉差し入れの品々で、別れの宴を開いた。

ここで長治は「明日は城主一族、浄土の仏となろう」と、家族を道連れにすることを、居並ぶ家臣に宣《せん》した。

今日を死す日と定めた十七日、夜明け前から起き出した別所一族は、女も子どもも、

長治の決断！　「城主一族、浄土の仏となろう」

沐浴《もくよく》して身を清めた。具足《ぐそく》など家宝を広間に飾り、三十畳の客殿《きゃくでん》に、長治が羽二重《はぶたえ》の小袖《こそで》に褐《かちん》（濃い藍色）の袴《はかま》を着して、白綾《しろあや》の蒲団《ふとん》に座る。

隣には妻照子《てるこ》が、髪を洗って梳《す》き立て、香《こう》を焚《た》きしめ、白の小袖に練《ね》りの一重の絹《きぬ》衣《ごろも》を打ちかけて、やはり着席した。四人の子どもも白い小袖姿で、決められた席に行儀よく座った。

長治の叔父・別所吉親《よしちか》は信長との戦いを城主長治に進言し、戦いを主導した。その妻の波は武勇にすぐれ、秀吉陣地への夜襲に加わり、城に攻め上がる敵を櫓《やぐら》の上から弓で狙って二十余人を射落とした女性だった。

その波は、万が一敵が侵入すれば、神聖な死に場所が汚されると、武具をつけ、矢をつがえて中門口を見張った。だが自決の時刻が迫ると、部屋に戻って、白い死装束《しにしょうぞく》に着替えた。

一族が自刃する客殿には、重臣たちが両手をついて、咳《せき》一つせず、無言のうちに控え、その最期を見守る。

波は「一番年上の私が、お若いご内室様《ないしつさま》たち皆様の手本になりましょう。お先に行って三途の川でお待ち申しております」と、死の水先案内人を買って出た。

一番の年上といっても、まだ二十八歳であった。『天正記』の「播磨別所記」は「波は男子二人・女子一人を左右に置き、長治を見奉《みたてまつ》り、守り刀を抜き、三人の子どもを三刀に刺し殺し、我が身も刀を口にくはへ俯《うつぶせ》に成りて死す」と記す。

我が子三人をひと突きして、先の鶴姫、北条夫人同様に、波もまた刀を口から呑んで自刃したのである。

「のちの世の道も迷はじ思ひ子を　つれて出でぬる行く末《すえ》の空」が辞世《じせい》である。

長治の弟友之《ともゆき》の妻はまだ十七歳で、桜の初花の雨に濡れる風情を漂わす美女であったという。初めての子を体に宿していた。

懐剣で胸を突こうとするが、手が震えてしまう。何回も試みるがだめで、ついに懐剣を投げ出し、その場に崩れ伏して、勇気のない自分を恥じて号泣《ごうきゅう》した。

城主夫人の照子は、この義弟の妻を妹のように可愛がっていた。だがいまは心を鬼にし「武将の妻として、恥ずかしくはござらぬか。一緒に三途の川を渡るのです。あまりの嘆きは、末代までの恥となりましょう」と、厳しく叱咤《しった》した。

友之の妻は、照子の諌《いさ》めに我を取り戻した。

辞世は「たのもしや後の世までもつばさをば　ならぶるほどのちぎりなりけり」と、

夫への愛を歌う。さらに自分は十七歳、今宵《こよい》昇る月も十七の月であることから、「みづからも今宵の月も十七よ　宵の闇路《やみじ》に迷ひぬるかな」と詠《よ》んだ。

見守る二十一歳の夫友之が静かに目を閉じる。重臣たちから「南無阿弥陀仏」の声が沸《わ》き起こる。彼女は守り刀を口にしっかりくわえると、懐剣でもって胸を深くえぐって、今度は見事に死をとげた。

ついに城主長治の妻・照子の時がやってくる。彼女は夫長治より一つ年下の二十二歳で、丹波八上城《やかみじょう》（兵庫県篠山市《ささやまし》）の波多野秀治《はたのひではる》の娘であった。実家は半年前にすでに明智光秀に滅ぼされていた。夫と黄泉路《よみじ》に向かう気持ちに乱れはなかった。

照子は長女竹姫五歳、二女虎姫四歳、嫡子千松丸三歳、二男竹松丸二歳と、四人の子どもを自分のそばに招き寄せる。幼子にもいつもと違う異様な雰囲気が感じ取られていた。

夫婦仲がいたってよかっただけに、子どもたちはすべて年子であった。その愛する者たちを、いまこの手で殺さねばならなかった。

母はその子たちへ、命を奪う親の身勝手を心で詫《わ》びる。だがこの雑念こそ、現世への未練と、照子は自分を戒める。

静かに重臣たちに一礼する。そして夫にも挨拶を送った。「子どもと一緒に先に行って待っております」と、その目は語っていた。

照子は我が子を一人ひとり引き寄せると、自ら懐剣で刺し殺した。そして四人の絶命を確認すると、我が子を死に導いた刃《やいば》を、今度は己の胸に返して、我が身に突き刺した。

「もろともに消え果つるこそ嬉しけれ　おくれ先立つならひなる世を」

子どもと一緒に死の道を行ける喜びを辞世にする。だがそれは本心とは逆の思いだった。歌意《かい》の底からは、照子の母としての果てしない無念さが湧き上がってくる。

七人の子どもたちが母親の手によって殺され、三人の妻たちは、いまは一介の骸《むくろ》となって横たわっていた。

それは一種異様な光景であった。

その時、見事な死の見本を示した波の夫吉親が錯乱した。

「何も一カ所に集まって死ぬことはない」と突然わめきだす。「城に火をかけ討ち死にしよう」と庭に飛び出し、馬にまたがり逃げた。敵味方の区別なく、阻止しようとする者を斬《き》りまくって、ついに馬上で憤死した。

この戦いを主導した吉親の不名誉な最期に、長治らは眉《まゆ》をひそめた。

だが、自刃の場はすぐに落ち着きを取り戻す。長治は三人の妻たちと七人の子どもの遺体を、丁重に庭に下ろさせた。そして蔀戸《しとみど》、遣戸《やりど》を打ち砕いて遺骸の上に積むと、火を放たせた。

かけがえのない愛する者を焼く黒煙が、三木城の空に舞い上がっていく。長治と友之の頬を涙が伝う。

二人は妻や子を焼く炎と煙が立ち上《のぼ》る庭を前にした広縁に、畳一畳を敷かせて、左右に直った。

長治は家臣に向かって「このたびの籠城を耐え抜いてくれたこと、ありがたく思う。だがその甲斐《かい》なく、相果てることは無念の極《きわ》みである。さりながら諸士の命を救えたことは、最後の喜びであり、これに過ぎるものはない」と言ってから、腹を切った。

兄に続いて友之も切腹した。

翌日、秀吉は約束通り、城内にいた士卒のすべてを助けた。

皆が三木城を離れる。小姓《こしょう》の一人が、後生大事に持って出たものがある。それは死んでいった別所一族が認《したた》めた辞世の短冊《たんざく》であった。

12

落城の悲劇（3）

——柴田勝家

戦国の女性で最もよく知られ、また人気が高いのは、織田信長の妹であるお市の方であろう。彼女もまた城と運命をともにした。

しかも結婚わずか半年（いや閏月《うるうづき》があるので、七ヵ月と言った方が正しい）、柴田勝家との再婚期間は短く、かつ悲劇的であった。

勝家は織田家の宿老だった。織田家から天下をもぎ取ろうとする秀吉に、真っ向から勝負を挑んだ。本来ならお市の方は手の届くはずもない、主家の深窓の佳人である。年齢差も二十五歳の開きがあって、この点からも考えられない結婚であった。

だがお市の方は甥《おい》信孝のとりなしで、あえて勝家の懐に、娘の三姉妹をともなって飛び込んだ。兄信長の死で未来に不安を感じたのと、勝家に秀吉に勝ってもらい、秀吉に奪われつつあった覇権《はけん》を、織田家に取り戻して欲しかったからである。

天正十一（一五八三）年四月二十一日、勝家は賤ヶ《しずが》岳《たけ》合戦で秀吉に敗れて、越前北ノ庄城（福井市）に逃げ帰った。

秀吉は執拗《しつよう》に勝家を追跡し、二日後には北ノ庄城を包囲した。すでに敗残の勝家に、籠城して秀吉と渡り合える軍事力はなかった。勝家の覚悟は早かった。

二十三日夜、勝家は宴を開く。

『太閤記』は、勝家が「あの猿面冠者《さるめんかんじや》秀吉のために、かく成り果てること、無念の次第だが致し方ない。ここは酒を飲み交わし、明日は浮き世に別れを告げて、あけぼのの雲と消えよう」と語りかけた。

その宴には股肱《ここう》の臣八十余人、お市の方と先の夫・浅井長政《あさいながまさ》との間に生まれた、長女茶々《ちやちや》（後の秀吉の側室淀殿《よどどの》）、二女お初《はつ》（後の京極《きようごく》高次の妻）、三女小督《おごう》（お江与《えよ》とも。後の徳川将軍秀忠の御台所《みだいどころ》）が同席した。また女房、尼公《あまぎみ》らが、身分の上下によらず、一堂に会し、若い妓女《ぎじよ》に酌《しやく》を取らせた。

明日はあの世、今日がこの世の見納めとばかり、歌を高々に吟《ぎん》じ、あでやかな舞いも披露された。だがその華やかさ、空元気《から》がかえって胸を締めつけた。

宴の後、勝家はお市の方に「そなたは亡き信長公の妹君、あの猿め（秀吉）にとっても主君の妹君にあたられる。きっと無事でいられよう。すぐ三人の姫君を連れて、この城を立ち退《の》かれよ」と言った。

だがお市の方はこれに首を振った。

「去年の夏、貴方様の妻となって、いまこのような運命に遭うのも、前世からの因縁でございましょう。覚悟はできております。ここを立ち退くなど思いもよりませぬ。ただ娘三人は城から出して、生かしてやりとうございます」

お市の方は城を出れば、好色な秀吉の毒牙《どくが》にかかるに違いないと思っていた。また先の夫長政が負けて、落城の炎を悲しく見守った。お市の方は再びそんな炎を見つめるのは嫌であった。

契った縁は短かったが、礼を尽くし、またやさしくもあった勝家に殉《じゅん》じようと決心したのだ。

ここでお市の方は娘三人を城から出したが、自分は断固、踏みとどまった。

そして勝家とお市の方に死出《しで》の朝が来る。

「さらぬだに打ちぬる程も夏の夜の　夢路《ゆめじ》をさそふ郭公《ほととぎす》かな」と、三十七歳のお市の方はこの世への惜別《せきべつ》を詠んだ。

妻に和して、六十二歳の勝家は「夏の夜の夢路はかなき跡の名を　雲井にあげよ山《やま》郭公」と詠む。

夜明けとともに、秀吉軍の総攻撃が始まった。

小早川隆景《こばやかわたかかげ》に宛てた秀吉の手紙には「北ノ庄城は石蔵《いしくら》を高く築き、天守閣を九重に上げていた。よりすぐった兵をもって天守内に打ち物のみを持たせて斬《き》り入らせたが、さすが勝家は武辺の者だけに、七度まで斬り出してきたが、とうとう防げずに、『修《しゅ》理《り》（勝家）が腹の切り様をよく見て後学にせよ』と叫ん」で、天守閣の中に消えたとある。

「もはやこれまで」と勝家は悟《さと》る。

天守閣の最上階に、今日が命の終わりと観念した者たちが集まっていた。

『天正記』の「柴田合戦記」には、勝家はお市の方に「はかない誓いによって、夫の手に懸《か》かる事、痛ましく、嘆かわしい限りである。これはまた前世の業因《ごういん》であろう。手討ち・自害はなお武家の習い。生者必滅《しょうじゃひつめつ》、会《え》者定離《しゃじょうり》、誰もこの定めから免《のが》れはできぬ」と語りかけたとある。

お市の方は、鎧《よろい》を身にまとった夫勝家の目をしっかり見つめて、「元より、覚悟はできております」ときっぱり答えた。

大事な妻の命を他の者にゆだねるわけにはいかなかった。

勝家は溢れる涙を拭おうとはせず、刀をゆっくりと抜くと、お市の方の前にひざまずき、しっかりと妻を見据えた。お市の方は勝家の瞳に映る我が姿を見つめながら、ゆっくりと目を閉じ、数珠《じゅず》を持つ手で合掌《がっしょう》した。

女房たちの念仏の声が響き渡る。

勝家は手に太刀《たち》をかざしたまま、お市の方を力任せに抱き寄せた。お市の方も合掌した手を放して、勝家に抱きつく。

数刻の時が流れた。

勝家は太刀を持つ手の方を放し、半身《はんみ》になって、片膝を立てた。片方の手はお市の方を抱いたままだった。

お市の方は静かに息を吸い込む。

太刀を持つ勝家の手が大きく後方に動く。

「お市殿、御覚悟を！」

そう叫ぶ声とともに、勝家の太刀はお市の方の心臓めがけて刺し貫かれた。のけぞった体から力が抜けていく。

「お市殿、御覚悟を！」
勝家の太刀はお市の方の心臓めがけて！

その妻を抱き寄せたまま、勝家はしばし呆然としていた。二人は血に染まっていた。

やっと勝家が我を取り戻した時、すでにお市の方は事切《こときれ》れていた。

立ち上がった勝家は、あお向けに横たわるお市の方に手を合わせ、瞑目《めいもく》した。

勝家は新たな覚悟を決める。殉ずることを選んだ女房たちも自分の手であの世に送ることを決意した。

それが主君としての最後の感謝を表す手段であった。勝家は鬼神《きじん》となった。口で念仏を唱えながら、勝家は女房たちを次々に斬った。

女たちは一人を除き死に絶えた。返り血で顔まで真っ赤になった勝家は、ここで文才も豊かな家臣・中村文荷斎《ぶんかさい》に夫婦の辞世を見せ、返歌を求めた。

文荷斎は「おもふどち　打ちつれつつも行道《ゆくみち》の　しるべやしでの山郭公」と詠む。思いますに勝家様とお市の方様は仲よく黄泉《よみ》路を行く、ホトトギスはその道しるべでありましょう、という意味である。

その歌の出来栄えに満足した勝家は、一人生き残った年老いた婦人に、「城で見た我らの最期を、世間に伝えよ」と命じて、夫婦と文荷斎の三つの辞世を渡した。

勝家はこの後、胸の下から臍《へそ》の下まで断ち切って、五臓六腑《ごぞうろっぷ》をかき出した後、文荷斎に「首を打て」と命じた。文荷斎が後ろに回って勝家の首をはねた。

すべてを見届けて、語り部となるべき婦人が天守閣から出された。

天守閣の入り口は再び固く閉ざされる。自刃の間の階下には、大量の火薬が仕かけられていた。家臣が火を放つ。

午後四時、九重の天守閣は勝家・お市の方の遺骸を載せたまま、大爆発を起こし、すべてのものを粉々にして、天空高く飛び散った。

13

「おあむ物語」

——石田三成

美濃《みの》大垣《おおがき》城の天守閣は、〝死相の天守閣〟と言われる。四層の造りが、〝しそう〟と読めるからだ。

この大垣城に怖い情景が浮かび上がる。

「夜な夜な、九つ時分《じぶん》（午前零時）に、誰ともなく、男女三十人ほどの声にて、『田中兵部《ひょうぶ》どのーう、田中兵部どのーう』とおめきて、そのあとにて、わつというて泣く声が、夜な夜なしておじやつた」

これは『おあむ物語』の一節である。

慶長五（一六〇〇）年の関ヶ原の合戦下、大垣城は敵に囲まれて、異常な雰囲気に包まれていた。山田去暦《きょれき》の娘は二十歳前後と若く、夢現実《うつつ》の中で、おめき声を夜な夜な聞いて、恐ろしさに震え上がった。

彼女は両親とともに敗残の大垣城を運よく脱出し、浪人となった父に従い土佐に行き、そこで雨森儀右衛門《あめのもりぎえもん》と結婚した。しかし夫に先立たれて、甥《おい》の山田喜助に養われ、寛文《かんぶん》年間（一六六一～七三年）の頃に八十余歳で亡くなったといわれる。

『おあむ物語』は、この山田去暦の娘が甥の喜助に「関ヶ原合戦」時のことを昔話として語り聞かせ、さらに喜助の子か孫が書きとめたものだといわれる。

なお、「おあむ」とは彼女の名前ではない。出家して御庵《おあん》様と呼ばれ、それが「おあむ（おあん）様」になったとされる。若い時の名は不明であるが、この本では全生涯を通して便宜的《べんぎ》におあむと呼ぶことを断っておきたい。

＊

関ヶ原合戦の一ヵ月余り前、城主の伊藤盛宗《もりむね》（大垣三万石）は、石田三成から「味方になるか、または城を貸して欲しい。断れば討ち果たす」と、脅《おど》し同然の勧告を突きつけられ、八月十日に城を明け渡した。

三成は早くも翌日、大垣城に入り、木曾川、長良《ながら》川、揖斐《いび》川の木曾三川《きそさんせん》を強固な防衛ラインとして、尾張・三河方面に出て戦おうとした。

ところが家康方の福島正則《まさのり》、池田輝政《てるまさ》ら先遣隊《せんけんたい》が、予想よりはるかに早く関東から戻って、三成が大垣城入りした同じ日に、尾張清洲城に到達してしまった。

家康方に先手を取られた形で、主戦場はおのずと大垣城を中心とした岐阜から関ヶ原にかけての美濃の地になってしまう。

こうした状況の変化も知らずに、おあむは両親・弟と一緒に、三成の居城のあった佐和山《さわやま》城下（滋賀県彦根市）から大垣城にやってきた。父の山田去暦は三成に仕える三百石取りの武士だった。戦時の城には女手は必要だったために、大勢の三成の家臣たちが家族連れで移ってきたのである。


そんな中、西軍の島津義弘《よしひろ》、小西行長《ゆきなが》の軍勢も大垣城に入り、伊勢路に軍勢を展開していた宇喜多秀家《うきたひでいえ》らも大垣に集結する。また大谷吉継《よしつぐ》、小早川秀秋《こばやかわひであき》、毛利《もうり》勢らの部隊は関ヶ原から南宮山《なんぐうざん》にかけて布陣した。

一方、木曾川を渡河した福島、池田ら東軍は二十三日に岐阜城を攻略し、また藤堂《とうどう》軍などは西軍を破って長良川を渡河した。東軍諸将は翌日、中山道《なかせんどう》の宿場・赤坂宿に集結し、ここに家康を迎えるための堅固な本陣を、海抜五十三メートルの岡山に築く。岡山は大垣城の北西、わずか四キロの位置にあった。

家康がこの岡山の陣に入ったのは九月十四日正午。家康の登場に対し、三成の名参謀と呼ばれる島左近《さこん》が討って出た。宇喜多勢と合流し、一千三、四百の兵で杭瀬《くいせ》川に繰り出したのである。

左近は川の手前に伏兵を潜ませて渡河すると、東軍を挑発し、討ち果たした。石田勢は百十六の首を取り、宇喜多勢も六十四を取った。

見事な左近の采配に、三成も上機嫌で、さっそく大垣城下の遮那《しゃな》院門前《いんもんぜん》で首実検《くびじっけん》が行われた。

そしてこの首が大垣城天守閣に運ばれた夜、大垣城攻めを嫌った家康は、野戦での早期決着をめざし、西軍を関ヶ原へと誘い出す。

三成はこの挑発に乗る形で、激しく雨が降る深夜、出撃命令を出し、主力部隊は大垣城を出て行った。三成の妹婿《むこ》の福原長尭《ながたか》（豊後《ぶんご》府内城主・大分市）が、七千五百の兵とともに大垣城にとどまった。女子どもも、もちろん一緒だった。そして城には杭瀬川の戦いで取った首が残って、運び込まれた天守閣は薄気味悪かった。

家康の東軍は、西軍を追跡する形で関ヶ原に向かうが、水野勝成《かつなり》、西尾光教《みつのり》、松平康長《やすなが》ら一万一千の兵は大垣城の押さえに残った。

勝成は関ヶ原での戦いより早く、十五日明け方から大垣城に押し寄せた。城方も町口まで出てきて防戦したが、水野・西尾の軍は大手の惣門《そうもん》を押し破って、三の丸に雪崩《なだ》れ込んだ。勝成は自ら槍を振るって城方を突き伏せる。東軍は三の丸に多くの損傷を与え、城下の町屋に放火した。その黒煙は天をこがした。

おあむが聞いたという「田中兵部どのーう」というおめき声は、大垣城を攻める一大将の名前だった。それが恐怖心を抱く女性たちには、幻聴のごとくに聞こえたのであろう。

勝成らは関ヶ原で戦闘中の家康に、大垣城の戦いを注進した。家康はその武功を大いに称えたが、「関ヶ原表の凶徒《きょうと》が敗軍すれば、大垣は攻めずとも落城となろう。火急《かきゅう》に攻めれば味方の死傷は増えよう。遠攻めにして陣を張るがよかろう」と、速攻を戒めた。

このために攻め取った三の丸からも兵を引き、城にさらに恐怖を与える作戦に変更した。

そんな東軍の陣地に向かって、城から石火矢《いしびや》（大砲）が撃たれた。おあむは「石火矢に櫓《やぐら》もゆるゆる動き、地もさけるような凄まじさに、気の弱い婦人などは、即時に目を回し難儀した」という。

そこで攻撃前に発射を予告してから、砲撃することになった。そうなると空が光り、雷が鳴るのを待つのと同じ心持ちになる。

おあむたち女性たちは籠城しながら、戦いの行方に不安を抱きつつ、錫《すず》を溶かして鉄砲玉を製造し、すりこ木で薬剤《やくざい》をまぜ合わせて火薬を作って、城兵たちをバックアップした。さらにもう一つ、女性たちには大きな役目があった。

杭瀬川で取った首がほとんどだったが、負け戦《いくさ》ながらも城での攻防で得た首もわずかながらできた。その首は女性たちに任された。

女性たちは天守閣に集められた首に、それぞれ札をつけて覚えておき、たびたびその首の白歯《しらは》にお歯黒《はぐろ》を塗った。白歯の首は身分が低かったので、お歯黒をつけてその首を身分ある武士に見せかけるためであった。

おあむは生首《なまくび》を化粧する。はじめは怖がっていたおあむも、次第に慣れていく。慣れとは本当に恐ろしい。生首に慣れたおあむたち女性は、血なまぐささと死臭が入り交じる、何ともいえぬ異臭も気にならなくなって、首が並ぶ同じ床に、ごろ寝するのだ。

『おあむ物語』は「首も怖いものではあらない。その首どもの血くさき中に、寝たことでおじやつた」と子どもたちに語る。

＊

この『おあむ物語』は江戸時代、絵師たちが絵巻物にして売り、世間の人気を博した。

若い女性が無造作に生首の髪を掴《つか》んで天守に入り、内部では、若い娘たちが首の白歯にお歯黒を塗っている、という背中がぞくぞくするような鬼気迫る情景が大垣城天守の夜を映し出す。

『おあむ物語』の世界を妖艶《ようえん》な筆で描き上げた『武州公秘話《ぶしゆうこうひわ》』という小説が谷崎潤一郎《たにざきじゆんいちろう》にある。

主人公・法師丸《ほうしまる》は武蔵守輝国《てるくに》の御曹司《おんぞうし》だったが、幼い時から隣国と和睦した際の人質として、牡鹿山《おじかやま》の城に預けられていた。その城が敵に囲まれる。戦場に出たかったた

「首も怖いものではない」——慣れとは、本当に恐ろしい。

が、元服前の十三歳だったので許されなかった。だが実戦の有様を見てみたいと、うずうずしていた。

そんな時、生首を化粧する現場を見る機会を得て、言い知れぬ高揚感《こうようかん》を得る。湯をタライに注ぎ首を洗う女がいた。洗い終わると首板に載せて、次に回す。受け取った女は髪を結い直す。三人目の女は札をつける。最後に首は女たちの後ろにある長い大きな板に一列に並べられるが、首がすべり落ちないように、板の表面に出ている釘《くぎ》に、ぎゅっと突き刺すのだ。

法師丸は丸顔の十六、七歳ほどの女に惹《ひ》きつけられた。数多くの〝生首〟という、おびただしい死の累積《るいせき》が、娘の持つ若さと瑞《みず》々しさを一層引き立たせていた。娘が髪の毛を梳《くしけず》り、結う、その指の白さ。そして生首を触る時に浮かべる娘のほのかな微笑み。その無邪気な残酷さに、法師丸の心は震えた。

彼女の姿を再び見たくて、法師丸は屋根裏に忍び込む。そしていつか自分も生首となって、その彼女の指に触れられたいとの思いを抱く。法師丸は「自分の胸の中にある秘密の井戸から滾《こん》々《こん》と湧き上って来る快感……」にひたるのである。

『おあむ物語』の世界は、谷崎文学を読むまでもなく、人々を妖《あや》しい世界に導く。

しかし、おあむの体験はこれだけではなかった。負け戦によって、新たな運命に遭遇するのである。

＊

落城間近の不安に城内は混乱する。そこに重臣がやってきて「もはや敵影はなく、退き申した。お騒ぎなさるな。静まり給え」と叫び回った。まさにその時だった。

鉄砲玉が飛んできて、こともあろうに十四歳になる弟に当たったのだ。

「そのままひりひり（小刻みに震え動くこと）として、死んでおじやつた。さてさてむごい事を見ておじやつたのう」

おあむの悲しみが、ズキンと胸に突き刺さる回顧《かいこ》の言葉である。弟の突然の死は、命のない生首とは違う。涙に暮れながら、やがて自分も同じように殺されるのだと覚悟する。

三の丸にいた相良《さがら》頼房・秋月種長・高橋元種らはすでに裏切って、大垣城は風前の灯《ともしび》となっていた。だがおあむの運命はさらに動く。

父去暦の元に矢文《やぶみ》が飛んできた。そこには「城を逃れたくばお助けいたす。いずかたなりと落ちられよ。行く先々には伝えてある。道々の心配はいらぬ」とあった。おそらく攻め手に去暦の友人がいたのであろう。渡りに船で、父はひそかに天守閣に来て、母やおあむを急がせ、北の塀《へい》わきからハシゴをかけ、吊《つ》り縄を松に結んで、一人ひとりを降ろし、タライで堀を渡った。脱出したのは両親とおあむ、それに家来一人の計四人であった。

そしてここに人間の命の不思議さがある。実は母は大きなお腹をしていた。弟の死からまだ多くの時間が経ってはいなかった。

城を脱出して六百メートルほど来た時、極度の緊張から母が急に産気づく。周りは田圃《たんぼ》だった。母はそこで女の子を産み落とす。弟の生まれ変わりだとおあむは思う。家来が田の水を汲んできた。その水が産湯代わりだった。着物の端に包み込んで、赤ん坊をおあむが抱き、母は父におぶさって、青野ヶ原《あおのがはら》へと落ち延びた。

大垣城は関ヶ原合戦から七日後に降伏し、城将の福原長尭は自害する。

*

『おあむ物語』は家康が天下を取った関ヶ原合戦での一情景だが、これは決して特殊な光景ではない。

生首に化粧をほどこし、生首と共に眠り、弟の死を目《ま》のあたりにし、妹の誕生に立ち会う——『おあむ物語』は、戦乱の世が、生と死が常に隣り合わせていた時代であったことを示している。

14

〝策謀〟の酒宴

——黒田如水

寺の白壁を何度塗り替えても、血がにじみ出るように赤く染まってしまう。そこで、仕方なく白い土塀《どべい》やお堂の外壁を赤く紅殻色《べんがらいろ》にした寺が、大分県中津市にある。合元寺《ごうがんじ》といい、俗に赤壁寺《あかかべでら》と言われる。いまも庫裡《くり》に入ると大黒柱に刀傷《かたなきず》が点々と残っている。このまぎれもない刀傷が、壁が赤くなってしまうという四百二十年以上前からの来歴を如実《にょじつ》に物語る。

ここで四十数人の侍《さむらい》が皆殺しにされた。その者たちの無念が、白壁を血の色に変えてしまうのだという。殺されたのは豊前《ぶぜん》宇都宮氏の家臣たちであり、同じ日、彼らの主君・宇都宮鎮房《しげふさ》もまた謀殺《ぼうさつ》された。

陰謀をめぐらして宇都宮氏を滅ぼしたのは、希代《きたい》の軍師・黒田如水《じょすい》とその息子長政《ながまさ》だった。

策士ではあるが、思いやりが人一倍強い如水にとって、この事件はまこと後味が悪く、悔いの残るものとなった。しかし如水・長政父子にとって、黒田家を守る上で、やむを得なかったといえる。

歴史はいつも幸と不幸、運と不運が一対《いっつい》となって、勝者と敗者を襲い、後に怨念《おんねん》が残ることを、この忌《い》まわしい戦いは教える。

＊

本能寺の変で織田信長が死んだ時、備中高松城（岡山市）を水攻めにしていた羽柴秀吉に、如水は「あなた様が天下を取る絶好の機会が参りました」とそそのかした。その如水の軍略は天才的で、彼の力を活用して、農民出身の秀吉は武家の長者となった。関白《かんぱく》に就任し、朝廷から豊臣姓をもらい、太政大臣《だじょう》に任ぜられる。

如水が秀吉をそそのかしてから五年後の天正十五（一五八七）年、秀吉は九州を平定してはじめて、自分を天下人《てんかびと》にしてくれた如水にきちんと領地を与えた。それは豊前六郡で十二万石であった。

如水はこの時まで、出身地の播磨《はりま》（兵庫県）で少しずつ加増され、三万石ほどを領有していた。これに比べれば大出世といえるが、大功の士が得る領地としては、まことに少なすぎる石高といえよう。

秀吉は如水の才知を警戒した。畿内《きない》もしくはその周辺で、如水に高禄を与えれば、いつ〝第二の明智光秀〟に豹変《ひょうへん》するかわからないと考えた。秀吉は「あわよくば、自分に代わって天下を取りたい」との如水の野心を見抜いていたからである。

だから領地を京・大坂から遠い九州にし、しかも豊前一国（現在の北九州市・中津市を含む福岡・大分両県にまたがる地域）は与えず、豊前八郡のうちの六郡を与えるにとどめたのである。

その上、豊前には、当時の肥後《ひご》（熊本県）同様に、秀吉に反抗する国人《こくじん》が多く、統治者の力量が問われた。

秀吉が「お手並み拝見」とばかりに、如水を意識的に豊前に封じたことを、如水と長政の父子は肝に銘じていた。秀吉は肥後の国人一揆《いっき》の制圧に失敗した佐々《さっさ》成政《なりまさ》に切腹を命じており、如水は統治での失敗が許されないことを知っていたのである。

*

如水四十二歳、長政二十歳。

豊前一円《いちえん》を眺望でき、周防灘《すおうなだ》をへだて本州をも望める馬ヶ岳《うまがたけ》城（福岡県行橋《ゆくはし》市）を本城と定め、「主人・親・夫に背《そむ》く者、殺人・強盗を働く者、隠田《おんでん》・田の面積を偽る者は罰する」という、わずか三つの法に背くことをせぬよう、民百姓に布告して、黒田家の政治は始まる。

民衆は「わかりやすい殿様」と歓迎したが、土着の武士たちはそう簡単にはいかなかった。よそ者の支配者を見る彼らのまなざしは冷たく、特に宇都宮氏は秀吉の支配に真っ向から「ノー」を突きつけ、黒田氏を嫌った。

本来、黒田氏と宇都宮氏との間には、何の恨みも憎しみもなかった。しかし黒田氏が豊前に入り、宇都宮氏が居座ったことで、秀吉憎しの宇都宮鎮房と秀吉臣下の如水とは相容れぬ仲になる。

宇都宮氏は鎌倉以来、豊前に土着した名族《めいぞく》であり、黒田氏に牛耳《ぎゅうじ》られたとはいえ、宇都宮氏が動けば、また国人たちが決起することは目に見えていた。あくまでも火は宇都宮氏の中で消し止め、他に燃え広がらせてはならなかった。

天正十六（一五八八）年七月、大坂城で久々に秀吉に対面した如水は、秀吉から「陰謀をめぐらしてでも鎮房を討て」とのひそかな命令をもらった。

そして城井谷《きいだに》城（福岡県築上町《ちくじょうまち》）にとどまる鎮房を排除して、秀吉の密命を成功させるべく、如水は用意周到な謀《はかりごと》を練り上げる。

その謀は鎮房の娘・鶴姫（千代姫ともいう）との偽装結婚だった。婿《むこ》は誰あろう、息子の長政である。

『豊前治覧《じらん》』によれば、鎮房には二人の息女がおり、姉を長政と婚姻させた。両家はともに相楽しみ、天下に対して逆意《ぎゃくい》がない時は、本領を安堵《あんど》（土地の所有権・知行権などを将軍や領主が承諾すること）する約束がなされたという。本領安堵は計略だが、秀吉自らが朱印状《しゅいんじょう》を作り、これを鎮房に送って信用させたのである。

鎮房は朱印状を手にして「我は天下に弓を引く者ではない。理由なく領土を召し上げられた故、先祖に対し申し訳なく、また後世のそしりを恥じて、かく籠城したまでのことでござる。この上は黒田殿にすべてお頼み申す」と喜んだ。

かくて鶴姫は中津城の長政に嫁いだ。

ここに計略の第一段階は成功した。如水は次のステップへさらに秘策を練った。

如水は、鶴姫に会いに中津城に来訪して欲しい、と鎮房を誘った。しかし、鎮房は警戒して出てこない。

そんな折、秀吉から肥後への出張を命じられた如水は、鎮房の嫡子朝房《ともふさ》をともない出陣するが、事前に我が子・長政に策を授ける。それは、鎮房が警戒している如水の不在を見計らって鎮房を誘い込み、謀殺《ぼうさつ》するという企《くわだ》てだった。

かくて天正十七（一五八九）年四月二十日、如水の思惑通り警戒を緩めた鎮房は家臣四十数人を従え城井谷を出て中津に着き、城下の合元寺に入った。ここで鎮房は黒田側の求めのままに、家臣を合元寺に残し、十六歳になる小姓の松田小吉ただ一人をともない、中津城に入ったのだった。

鎮房は鶴姫にまず会いたかった。だが長政の方は、その前に近づきのしるしにと、酒宴の用意をしていた。

そして、策謀の渦巻く恐ろしい酒宴が始まった。

＊

酌《しやく》の役目は十七歳の吉田又助だった。又助が盃《さかずき》に酒を注ぐ。鎮房は左の手で酒を受ける。利き腕の右手は脇差の柄《つか》の上にあった。

又助はわざと酒を盃に余るほど注いでこぼし、長政が刀を取るのが見えぬように、鎮房から長政が隠れる位置に退《の》いた。

そこにかねてからの打ち合わせ通り、長政が「太郎兵衛、肴《さかな》じゃ」と叫ぶ。野村太郎兵衛という近習が肴を運んできた。太郎兵衛は肴を載せた三方《さんぽう》を捧げ持って鎮房の前まで来ると、素早く鎮房にこれを投げつけ、つつっと寄って一太刀《ひとたち》を浴びせた。額から目の下を鎮房は斬《き》られた。

鎮房はさすが大力の剛の者で、少しも驚かず、盃を捨て、脇差を半分抜きかけて、立ち上がろうとする。しかし長政が素早く刀を取って、鎮房の左肩から両乳の間を割って、右の腰までを斬り裂いた。鎮房はたまらず後ろにひっくり返る。

太郎兵衛が長政に片手をついて「日々の悔しさ、ここにご本望をとげられ、目出度《めでた》くございます。いま一太刀、とどめをなされませ」と言えば、長政は立ち上がり、後ろより腰のつがいを切り離した。

ここに長政は義父鎮房を殺した。

この時、別の部屋に控えていた鎮房の小姓・小吉はただならぬ物音に、刀を抜いて鎮房の元に向かおうとして、黒田家臣と斬り合いになった。文字通り死を決しての鋭い刀に、黒田側十九人が手傷を負うが、ついに小吉は討ち取られた。

鎮房を殺してすぐ、黒田勢は合元寺を襲い、宇都宮家家臣と激しい斬り合いを演じた。その血が寺の壁を赤く染め、柱に刀傷を残し、宇都宮の四十数人はことごとく惨《ざん》殺《さつ》された。

また長政は城井谷に兵を急行させて、鎮房の居館を焼き払い、鉄砲を連射して鎮房の父長甫《ながとし》たちを自刃に追い込んだ。

一方、中津城にあって、父鎮房との再会を楽しみにしていた鶴姫は、父と会えぬまま、拘束されて一室に監禁される。

翌々日、土中に柱か何かを打ち込む音が遠くから響いてきた。番人に何の音かと尋ねると、「機物《はたもの》（磔柱《はりつけばしら》）を作るためです」と答えた。

聡明な鶴姫は自分の運命を悟った。

「なかなかにきい（城井）て果てなん唐衣《からころも》　たがためにおるはたものの音」

磔用の台木は元は織機を使ったことから、鶴姫の辞世となったこの歌は、「空ろな気持ちで聞く唐衣を織る機の音、それは誰のために織っている機の音なのであろうか」という意味である。

「城井《きい》の女」として処刑される私のための磔柱を作る音なのだという、背中がぞくぞくして、思わず身震いしてしまいそうな、恐ろしくて、また悲しい歌である。

＊

鶴姫の死から二日後、如水はともなってきた朝房とその近習が滞在する旅館を襲撃して、これを殺し、ここに黒田家の宇都宮氏討滅の陰謀は完結した。

だが、暗殺、しかも謀殺というのは、何とも後味が悪い。如水・長政父子もそう考えたのだろう。彼らは中津城内に紀府大明神《きふだいみようじん》（城井神社）を祀って宇都宮氏の霊を慰める。結局、黒田氏は筑前に移ってからも、福岡城内に警固《けご》大明神の社を建立して、宇都宮氏の霊を慰め続けることとなった。輝かしい如水の経歴の中で、この宇都宮氏虐殺《ぎやくさつ》は、大いなる汚点として残ったのである。

土中に何かを打ち込む音が聞こえたとき、
鶴姫は自分の運命を悟った。

亡霊の祟り 15

――波多 親

戦国の心霊スポットとして名高い場所が北九州にある。佐賀県唐津市の岸岳《きしだけ》城とその麓《ふもと》の北波多《きたはた》・相知《おうち》の一帯である。

悲運のうちに滅亡した主従の亡霊が、祟《たた》りをなすとされた。無数の塔墓《とうぼ》がある寺などには、霊感の強い人はいまでも怖くてなかなか近寄れないという。

その岸岳城は唐津湾を十一キロの北方に望む標高三百二十メートルの高さの山稜《さんりょう》に、馬の背状に本丸、二の丸、天守台、馬場などと呼ばれる曲輪《くるわ》が続く。だが現在、地を掘って切り通した堀切りは崩れ、石垣や井戸も土砂に埋まって、古木が鬱蒼《うっそう》として、曲輪を隠すように覆う。その荒城《こうじょう》は百メートルを超す峻阻《しゅんそ》な崖上《がけうえ》に、孤高を保つ。

岸岳城は鬼子岳城と、いかにも怖そうな書き方もする。

この城は波多氏十六代四百年の居城だった。

波多氏は松浦党《まつらとう》の総領の地位にあった。松浦党とは肥前国松浦郡（佐賀・長崎県にまたがる）に独立割拠《かっきょ》した弱小武士団で、船を使って朝鮮・中国との交易に従事する者も多く、彼らは軍事的にも団結して、決してあなどれない勢力を保持していた。

しかし、理不尽な秀吉の意思によって、領土が召し上げられると、波多主従は御家再興の夢にも破れ、集団自決をし、また帰農、流浪して、悲嘆のうちに生涯を閉じた。

この嘆きの涙は大地に落ち、恨みは墳墓の石に取りつき、霊魂《れいこん》は岸岳の城や麓を彷徨《さまよ》った。

『岸岳城盛衰記』（山崎猛夫著）によれば、朝元気だった人が、急に高熱に見舞われ、悶え苦しみ、医者に見せても原因がわからぬまま、長く寝込み、また死んだという。

さらに、開墾《かいこん》や開発で岸岳末孫《ばっそん》の有無を確かめず、不用意に作業を進めると事故が起きた。ブルドーザーが横転して大けがをし、死んだ例も数多くあった。関係者だけでなく、災いはその家族にも及んだ。現在の科学の力や医学の術の届かないのが、「岸岳末孫の祟り」だというのである。

＊

岸岳城の悲劇は、秀吉が島津氏を成敗《せいばい》するため天正十五（一五八七）年に九州に入った時に起因する。

これは大友宗麟《そうりん》が島津氏の圧迫に苦しみ、秀吉に助けを求めたものだった。この秀吉を歓迎し、島津討伐に最も積極的だったのは竜造寺《りゅうぞうじ》氏を支える鍋島直茂《なべしまなおしげ》だった。なぜなら竜造寺隆信はこの三年前、島津・有馬連合軍と戦い、討ち死にしていた。直茂は隆信を継いだ政家《まさいえ》とともに、二万の兵を組織した。秀吉はこの直茂を中心とする肥前の兵に先陣を申しつけた。

だが波多十六代の三河守親《ちかし》は肥前の諸将とともに、秀吉の陣に伺候《しこう》して、一応の礼儀を尽くしはしたが、一兵も出さず、素っ気ない対応を示した。

それは三河守親が島津氏に、強い感謝の気持ちを持っていたからだ。実は三河守は波多氏に養子に入ったもので、実父は有馬晴信《はるのぶ》（鎮貴《しげたか》）であった。肥前では竜造寺の勢力が近隣を圧迫し、三河守も隆信と妥協して、その娘・秀の前《ひでのまえ》と政略結婚していたが、実家の有馬氏もまた竜造寺氏にとことん苦しめられてきた。

このために実父晴信は島津氏と手を結び、隆信を島原沖田畷《おきたなわて》で葬ったのだった。いわば島津氏は父の恩人であり、その島津と戦う気にはなれなかったのだ。だから三河守は秀吉に協力しなかった。

秀吉は島津を攻めて屈伏《くっぷく》させ、博多に戻って論功行賞を行った。この時、三河守によい感情を抱いていなかった。だが朝鮮出兵を心に期していた秀吉は、三河守が所有する領地が出兵基地として不可欠であったこと、松浦地方の総領の彼の力を借りる必要があったこと、また松浦水軍を活用したかったことから、三河守の非を咎《とが》めず、約八万石といわれる所領を安堵《あんど》したのだった。

＊

その秀吉は朝鮮を侵略する前線基地として、波多氏が所有する肥前唐津の名護屋の地の提供を求めた。

これに三河守はいい顔をしなかった。おそらく土地を提供するだけではすまず、農地は兵馬に荒らされ、農民に労力提供などの重い負担がのしかかることを恐れたのであろう。そこで「領内は狭く、入江・小島がいたずらに多い地で、大軍勢を収容できる広い陣地が取れず、本営を設けるには、まことに不適当な土地がらでございます」と断った。

秀吉は「何を抜かす、青二《あおに》才《さい》め」と顔をしかめ、三河守の主張を無視して、名護屋城の造営に取りかかった。

やがて秀麗《しゅうれい》な五層七重の天守閣を持つ名護屋城が完成し、その周囲に約百二十もの諸大名の陣屋《じんや》が周囲六キロ四方の範囲に誕生した。大名たちは総計十万二千の兵力をこの地に置いた。しかも農民を連れてきて、田畑を開かせ、自給体制を整え、商人や遊女なども集まって、一般人も五万人を超える一大都市が出現したのだった。

こうした中で、三河守は秀吉への対応を誤った。

秀吉が名護屋城に入るために下向してきた際、九州の近隣大名たちはこぞって博多に出迎えたのだが、三河守は遅参したのである。

秀吉は気分を害し、その後三河守が目通りを願い出ても、それがかなうことはなかった。

*

三河守が完全に運から見放される時がやってくる。

それは、秀吉の朝鮮出兵の際の出来事である。

波多三河守親は大将として松浦党を率いて渡海し、苦戦の末に敵の大将分十二人を討ち取り、敵を撤退させるという手柄を立てる。だが、戦功を与える名護屋からの使者に報告する機会を逸し、報奨を受け取ることができなかった。

さらに、三河守が朝鮮にあって不在の岸岳城に、秀吉からの招請状《しょうせいじょう》が届いた。それは夫の留守を預かる妻・秀の前に、名護屋城へ出向くようにとの秀吉の命令だった。「波多三河守の奥方は日本一の美女と申し伝え候」（名護屋広沢寺文書《こうたくじもんじょ》）と記されるほどの美人だったとされる。

貞節《ていせつ》な秀の前は「夫が朝鮮に出陣中に、城をあけるわけにはまいりません」と断った。だが秀吉は夫同様に生意気だとして怒りに燃え、「女の身で、どうして城を守る必要があるか」と恫喝《どうかつ》して、ついに秀の前を名護屋城へ上がらせたのである。

秀の前が強引に呼ばれたのは伎芸《ぎげい》大会だった。秀吉は秀の前を侍《はべ》らせ、酒の相手をさせた。もちろん淀殿《よどどの》ら側室も一緒なので、露骨なことはできない。その楽しみは後日と考えた。

そんな魂胆《こんたん》など知る由もない秀の前は帰城を申し出たが許されず、名護屋城にとめ置かれた。ただ秀吉の女ぐせの悪いことは有名で、犠牲になった大名夫人の噂を彼女は知っていた。もしそんなことになれば、自害しかないと決めていた。

秀吉の御声《おこえ》がかかる。御座《ござ》の間に続く御次《おつぎ》の間に召し出された。緊張に胸が張り裂けそうになった。思わず懐剣《かいけん》を握り締めた。その時に襖《ふすま》が開いて、秀吉が現れる。あわてて平伏しようとした時、不覚にも胸元から懐剣が抜け落ちた。

足下に落ちた懐剣を見て、秀吉の表情が一変した。

「女が懐剣を所持するのは時と場所による。太閤の前を憚《はばか》らないこの行為、許しはせぬ」と激怒した。

夫三河守を不興に思う秀吉は、その妻の行為を許さず、「罰は追って沙汰する」として、岸岳城での謹慎《きんしん》を命じた。

翌年、和平気分が高まって、朝鮮に渡海した将兵の帰還が始まる。五月、秀吉は朝鮮を離れて帰途につく三河守に譴責状《けんせきじょう》を叩きつけた。黒田長政《ながまさ》を派遣し、海上において、その罪を問わしめた。

その譴責状は罪をでっち上げた感が強い。

その罪とはこうである。

「三河守は鍋島直茂《なべしまなおしげ》の与力《よりき》なのに、臆病を構えて、熊川《ウンチヨン》の港に隠れていたことは、卑

秀吉の御声に覚悟を決めたその時――!!

怯・不心得で、罪ははなはだ深い。名護屋は波多の領地であり、予が居城として用いたのだから、とりわけ気遣いして、先陣を構えねばならぬのに、逆に港にあって引き揚げの時を待っていたことは皆の知るところである。また漢城《ハンソン》（ソウル）から諸隊が引き揚げる際、途中まで出向いて、戦勝品を分けてもらい、さも手柄を立てたようにしたことは、悪質極まりない。諸人の見せしめとして磔《はりつけ》にするところだが、死罪は許す。もちろん所領は没収する。ただ家財などは所持してかまわない」

秀吉はさすがに、秀の前の罪を問わなかったが、この断罪が積年の恨みに発していることを述べる。

「先年、九州に予が出馬した時、波多を改易しようと思ったが、鍋島直茂が手をつき額をこすりつけて詫《わ》びたため、本領を安堵してやったのだ。その上、遠国《おんごく》の不便を考えて、京都の普請《ふしん》や関東への出陣も免除してやった。その恩も忘れて、傍若無人《ぼうじゃくぶじん》の振る舞いをしたことは許しがたい」

秀吉はこうして、三河守親が領地に戻ることを認めなかった。よって三河守は秀の前と会うことも許されず、対馬《つしま》で従軍した家臣と引き離され、横田右衛門《うえもん》という一家臣と下郎二人の同行が認められただけで、徳川家康に預けられ、常陸《ひたち》国の筑波山《つくばさん》の麓に配流《はいる》になったのである。

家臣にとってそれは青天《せいてん》の霹靂《へきれき》であり、その日から路頭《ろとう》に迷うことになる。しかも先祖伝来の地は、太閤や諸大名が在住し、上方《かみがた》に劣らぬ繁栄を見せている。家臣らはそのギャップに戸惑い、そして怒った。

名護屋城に斬《き》り込んで、放火し、潔《いさぎよ》く討ち死にし、名を後世に残そうとの過激な意見も出た。しかし評定《ひょうじょう》が定まらぬうちに、秀吉は岸岳城と波多氏領を寺沢広高《てらさわひろたか》に与え、三河守の家臣に立ち退《の》きを迫った。秀の前は実家の佐賀に戻る。

この時から三河守と旧臣たちの動向は、まるで裏世界に生きる〝忍びの者たち〟のように、真偽の不確かな伝説として語り伝えられるようになる。

波多氏の没落を嘆き、禄を失い、前途に絶望して、自刃した家臣たちが少なからずいたとされる。

岸岳城に深い杉木立に覆われた西腰曲輪《にしこしぐるわ》がある。ここで茶が栽培されていたことから、「茶園の平」と呼ばれ、家臣の屋敷があった場所に、いま小さな祠《ほこら》がある。

城を去りがたく、家老をはじめ何人かが、太閤秀吉と寺沢広高への怒りに燃えて、ここで集団自刃したという。その恨みはとどまって、霊が徘徊《はいかい》する場所とされ、この地を荒らす者に祟った。祠はその死者の怨霊を鎮めるために建立されたのだ。

そして旧臣たちは、常陸に配流された三河守を連れ戻し、再起しようとの思いを共有した。二人の旧臣が薬売りに身をやつし、秘密裡《り》に筑波山の麓を訪れた。この者たちの助けで三河守は配所を抜け出して、岸岳の地に舞い戻った。

しかし、旧臣の家を転々として隠れ住み、皆と連絡を取り合い、伊万里《いまり》に集結しようとした矢先、三河守は体に変調をきたし、あえない最期をとげるという、まったくの不運に見舞われた。ここに旧臣たちは精神的な支柱を失った。

岸岳と四キロの距離を置いて向き合う日岳《ひだけ》の麓の谷間に瑞巌寺《ずいがんじ》がある。波多氏の菩《ぼ》提寺《だいじ》で、堂塔も立派だったが、寺沢氏に寺領を没収されて衰退した。いまは境内は苔《こけ》むし、小さな堂が侘《わび》しくたたずむ。霊気が漂い、うすら寒さを感じる。まさに心霊スポットといえる。

境内には三河守のものとされる宝篋印塔《ほうきょういんとう》がある。秀の前の墓石もある。いつの頃からか、心のよりどころとして、家臣もしくはその子孫が作った供養塔のようだ。

この瑞巌寺の境内に丸山と呼ばれる小さな山があって、「旗本百人腹切り場所」と伝承されてきた。

三河守に死なれた旧臣たちは、再興の望みも絶たれて、主君の菩提寺に集まって、追い腹を切った。その集団自刃したという周辺には、様々な墓石が散乱していた。しかしその墓石には鎌倉や室町時代のものもあって、必ずしも殉死した者だけの墓石ではない。しかし岸岳末孫として生きる地元の人々は、これを自刃した者たちの墓と信じ、いまは一ヵ所に集められた、おびただしい墓石群を、丁寧に供養している。

死んでいった旧臣には十代、二十代の若者が多い。古書旧記に自決した者たちの辞世が残る。稚拙《ちせつ》なその歌は、太閤秀吉・寺沢志摩守広高への憎悪に満ち満ちている。

我が家は一方《ひとかた》ならぬ重恩《じゅうおん》の　父子も残らずお供して行く（寺田新八一方）
秀吉がいかに威勢が強くとも　我念力で家はほろぼす（中山四郎太利春）
志摩が家たたば子孫は腐《くさ》れ死に　絶へて彼等の家は滅びよ（本山乙祐芳信）
夜叉羅刹《やしゃらせつ》名護屋の城に住むならば　子孫は絶えて太閤もなし（川原勘四郎平道秀）

主を失った悲しみ、禄を失った旧臣の悲しみと怒りの歌である。

旧臣たちは名護屋の先、玄界灘に浮かぶ馬渡島《まだらじま》が見える場所でも集団自刃したとされる。それは当時の松浦党の主従の結びつきの強さを意味しているといえよう。

それだけにその団結力は、集団自刃して強固な怨霊となり、この地にとどまった。松浦党の子孫はその先祖の恨みを我がこととして受け止め、岸岳末孫として霊を供養してきた。

その供養に霊魂は安らぐが、ひとたび祭祀を怠る者、忘却する者、またその地を土足で踏み荒らす者があれば、執拗《しつよう》に祟りをなしたのである。

*

溢れんばかりのエロス 16

——岩佐又兵衛

岩佐《いわさ》又兵衛《またべえ》勝以《かつもち》——源義経《みなもとのよしつね》の母・常盤《ときわ》御前《ごぜん》を深く見つめ続けた絵師である。
又兵衛は、自分を義経に仮託《かたく》した。なぜなら、強盗集団に殺された常盤御前に、信長に殺された自らの母を投影していたからである。

全十二巻、総延長、実に百五十メートルを超える、縦幅が三十四センチの絵巻物。その『山中《やまなか》常盤物語絵巻』に、常盤の痛々しい悲劇と義経の凄まじい復讐が活写される。

『山中常盤物語絵巻』は、義経の仇討《あだう》ちを描いた「御伽草子《おとぎぞうし》」を絵巻にしている。常盤は、幼い時に別れた義経（牛若丸）に会いたい一心で、乳人侍従《めのとじじゅう》（乳母《うば》）と奥州平泉への旅に出る。常盤は白練り絹の肌着に十二単《じゅうにひとえ》を召し、褐《かちん》（濃い藍色）の脛巾《はばき》（脚絆《きゃはん》）、藍革《あいかわ》の足袋《たび》に、糸の草鞋《わらじ》をはき、市女笠《いちめがさ》で顔を隠していた。一方の侍従は五《いつ》重《かさ》ねの小袖《こそで》に、足袋は紅絹《もみ》、菅《すげ》の小笠と、あでやかな女二人旅だった。

道中、関ヶ原にある中山道《なかせんどう》の山中宿で常盤御前は病気になって寝込んでしまう。

その宿場には屈強な六人の盗人どもが住んでいた。

夜半、盗人たちは十文字槍《じゆうもんじやり》、長刀《なぎなた》、反《そ》りのある太刀《たち》、弓矢といった、それぞれ得意の武器を持って、宿屋の門を打ち破り、二人が泊まる〝離れ〟を襲撃した。

その絵巻の人物、建物、樹木は、群青《ぐんじよう》、緑青《ろくしよう》、臙脂《えんじ》、丹《に》（朱色）、金銀泥《きんぎんでい》などの顔料《がんりよう》を用いて、鮮やかな色彩を放つ。

四角顔の盗人たちは、日焼けして、目も口も鼻も大きく、お笑いタレントのごとく、表情は実にユーモラスに描かれている。だが彼らは乱暴者で、情けなどない。

素早く寝所に踏み込むと、侍従の五重ねの小袖を剥《は》ぎ取った。屏風《びようぶ》が倒れ、椀《わん》や桶《おけ》が飛び散る。「攻口《せめくち》の六郎」という盗人が逃げようとする常盤を背後から襲って、強引に衣類を剥ぎ取り、湯文字《ゆもじ》（腰巻）一枚にしてしまう。すでに裸にされた侍従が、そばの柱にしがみついて震えている。

又兵衛が描く女性たちは、頬がふっくらとし、富士額《ふじびたい》で、顎《あご》が長く、目鼻立ちが顔の真ん中に集中して、おかめ顔である。常盤と侍従も例外ではない。そして黒髪は背丈ほども長く、豊かな胸と細長い手指をしている。

強盗たちは身ぐるみ剥ぐと、門外に去ろうとする。

常盤は源氏の棟梁《とうりよう》・義朝《よしとも》の妻だけに、威厳に満ちた声で「武士もものの哀れは知り及んでいよう。夜盗の者ども、肌を隠す小袖を残すのが情けというもの。さもなくば、命も一緒に取っていきやれ」と呼び止めた。身分ある女にとって、裸で放置されるのは、死ねと言うのに等しかった。

これに対して盗人の一人が「憎き女よ。夜中に大声を出すでない」と怒って、するすると立ち返る。男は憎々しげに目を剥《む》き、いきなり常盤御前の背丈に等しい黒髪を、筋肉隆々とした太腕で掴《つか》んで引き倒すと、手にくるくるとその黒髪を巻きつけて動けなくした。そして抜き身で持っていた刀を高くかざすと「刀よ通れ！」と叫んで、乳房の下を力任せに刺し貫いた。

常盤の顔が苦しみに歪《ゆが》む。その常盤を抱き起こし、侍従は声も惜しまず、どっと泣き崩れる。

これを見た男は、「お前もともに行けや」と刀を抜き、二太刀を浴びせた。斬られた侍従は縁側から庭に転げ落ちる。長い黒髪が血潮に濡れる裸の上半身にまといつく。溢れんばかりのエロチシズム。

又兵衛の絵筆は残酷美の極致《きょくち》を描き出す。

常盤と侍従の痛み・苦しみ、それはまた又兵衛の痛み・苦しみであった。又兵衛は

「刀よ通れ！」
――又兵衛の絵筆は残酷美の極致を描き出す。

惨劇の庭に植わった老い松をもって、己の心を表現する。風もないのに、死にゆく常盤に、老い松は幹をしならせ、枝を曲げ、松葉は泣き叫ぶように激しく揺れる。

又兵衛は常盤御前に、数え二歳で引き裂かれた母を見ていた。『総見記《そうけんき》』が「世に聞こえた美女」と書く。それが又兵衛の母であった。名を「たし」といった。

*

「たし」は摂津《せっつ》（大阪府西部と兵庫県南東部）の武将・荒木《あらき》村重《むらしげ》の妻であった。つまり、又兵衛は村重の末っ子だったのである。

村重は池田勝正《かつまさ》に仕えていたが、池田氏の内紛につけ込んで勢力を伸ばし、摂津に進出してきた信長に与して、摂津一国の支配をゆだねられた。

「世に聞こえた美女」の母に対して、父である村重は豪胆な武将だった。十二歳の時に、村重は父親を碁盤に乗せて片手で持ち上げ、座敷を三周した怪力の持ち主だ。はじめて京都で信長と対面した時には、信長が刀に饅頭《まんじゆう》を突き刺して、村重の目の前に差し出した。村重は驚く風もなく、大きく口をあけて、これに食《く》らいついた。その度胸の良さに信長は惚《ほ》れた。

村重は信長の部将として、羽柴秀吉を助けて毛利と戦い、大坂（石山）本願寺攻めの一翼を担う。


ところが信長に仕えて五年、大坂本願寺を包囲する中、村重の従兄弟《いとこ》の陣中で、こっそり本願寺に米を売る者がいるとの風評が流れ、やがてそれは村重の叛意《ほんい》の表れとの退っ引《のっぴ》きならない噂になって広まった。

村重は事実無根だったことから、安土《あづち》城へ釈明に行こうとするが、行けば殺されるだけだと、周囲から制止された。一方の信長は謀反《むほん》を信じなかった。信長はこれはと目をかけた者に対しては意外に寛容なところがあり、村重が来れば許してやろうと思っていた。

だが村重は周囲に押し流され、信長は絶対に自分を許さないだろうと信じ込むようになって、ついに本願寺方に走り、毛利に味方した。

信頼する者に裏切られた時の信長の怒りは尋常ではない。信長は天正六（一五七八）年十一月から猛然と村重の居城・有岡《ありおか》城（兵庫県伊丹市）を五万の兵力で攻めた。

有岡城は信長に包囲され、やがて籠城が十ヵ月を超えると、兵糧・矢弾《やだま》も乏しくなりだす。

そこで村重は、毛利に援助を仰ぐために、夜陰《やいん》にまぎれて嫡子・村次《むらつぐ》のいる尼崎《あまがさき》城に脱出した。ところが、毛利は信長方との大坂湾での海戦に敗れて制海権を奪われ、村重支援どころではなくなっていた。

しかも、村重不在の有岡城は、信長方の流言作戦に惑わされ、皆が疑心暗鬼に陥っていた。

理由はどうあれ、城主村重が妻子、また家臣までも見捨てて、城を脱出したことは確かだった。その不安と不信から、城内に信長方への内応者が出た。信長軍は内応者と呼応して、町屋のある外郭《そとぐるわ》を攻略すると、続いて侍《さむらい》屋敷《やしき》のある内郭《うちぐるわ》を落とす。

包囲一年一ヵ月、ついに信長軍は主郭《しゆかく》を陥落させる。村重一族の妻子や家臣の家族ら約七百人が人質として捕らえられ、城内に軟禁された。

信長はこの人質をもって村重の降伏を迫る。しかし村重はなおも抵抗した。

ここに、信長は世にも恐ろしい、人質の処刑を敢行《かんこう》する。捕らえられた者たちは村重がいる尼崎城近くの七松《ななつまつ》に連行された。

天正七（一五七九）年十二月十三日の朝である。村重家臣の妻女たちが、にわか作りの刑場に引き出された。磔柱《はりつけばしら》が群立している。

数えると百二十二柱あった。前代未聞ともいえる、あまりに多い数である。その数だけ処刑される女たちがいたのだ。

彼女たちは武士の妻だけあって、すでに覚悟はできていた。だからそれぞれが美しい衣装で着飾っていた。

だが、荒くれ武士どもは、乱暴に女たちを磔柱に抱え上げると縛り上げた。幼児を連れた女がいた。子どもにも容赦はなかった。母親の胸に強引に抱かせて、そのまま一緒に磔柱にくくりつけた。

女たちは用意した数珠《じゆず》も手にすることもできず、ひたすら念仏を唱える。

機物《はたもの》（磔）にされる百二十二人に向かって、鉄砲の銃口が向けられた。鉄砲の数が足りなかった。荒くれ武士のある者は、一部の女に向かって長刀、また槍の穂先を向けた。

「撃て」との成敗奉行《せいばいぶぎよう》の大声は、一斉射撃の轟音《ごうおん》にかき消され、長刀・槍が朝日にきらめいて、女の胸を突き上げる。

竹矢来《たけやらい》を高く結んだ外には、処刑を見ようと近郷近在から多くの見物人が押しかけていた。その者たちは天をつく悲鳴が耳の底に残り、死にきれずにもがき苦しむ姿が、二十日も三十日も瞼《まぶた》に焼きついて消えなかったという。

虐殺《ぎゃくさつ》はさらに続いた。

かせ侍と呼ばれる雑役《ざつえき》にたずさわる身分の低い武士の妻女と、この者たちに雇われた女、全部で三百八十八人。これに加えて、上級武士の妻の下で働いていた男百二十四人の合わせて五百十二人は、四軒の空き家に押し込められた。家は外から戸という戸に、横板が回されて補強され、鼠《ねずみ》一匹出られぬように釘づけにされた。

家の周りに、うずたかく枯れ草を積ませると、松明《たいまつ》を一斉に枯れ草に放り込んだ。またたく間に、四軒の家は炎に包まれた。

尼崎の残酷な仕置から三日後、舞台は京都に移る。

村重一族の女たちと子どもら三十余人は、上京《かみぎょう》一条の辻《つじ》から市中を引き回され、六条河原へと連行された。

引き回しには十一台の車が使われた。又兵衛の母「たし」は雑色《ぞうしき》（下男）に肘《ひじ》を掴《つか》まれて二番車に乗せられた。八台の車には二人ずつ収容され、残る三台には子どもが乳母《めのと》とともに詰め込まれた。

車は具足《ぐそく》に兜《かぶと》をつけた数百人の役人たちが警固した。刀を抜いて持ち、弓を手にする者は矢をつがえたまま進んだ。

「たし」は村重の前妻が産んだ娘十五歳と一緒だった。娘は池田隼人《はやと》に嫁いだばかりで、妊娠していた。自分にも、また腹に命を宿した娘にも、明日という日は来ない。だが二十一歳の「たし」は、目を赤く泣きはらした娘を、我が子のように抱き締め、勇気づけた。

六条河原の刑場で車から引き出される際、「たし」は帯を締め直し、髪を高々と結い直した。彼女はどこまでも冷静だった。河原にしつらえた処刑の場に入る。「たし」は経帷子《きようかたびら》の上に小袖を羽織っていたが、その襟《えり》を後ろに引いてうなじを露出させた。

「たし」は動じることなく筵《むしろ》の真ん中に草履《ぞうり》を脱いで座ると、刃《やいば》の下に、前かがみになりながら白いうなじを晒《さら》し、静かに数珠を持つ手を合わせた。

そのうなじに白刃が振り下ろされた。「たし」の首は河原に、赤い血を引きながら転がった。筵には首を失った体が、数珠をしっかり握ったまま、うつぶすように不動の姿勢を保っていた。

「たし」は辞世を残した。

「きゆる身はおしむべきにも無き物を　母のおもひぞさはりとはなる（死ぬ自分の身は惜しいとは思わぬが、母としての子への思いが旅立ちの障害となる）」

「残しをくそのみどり子の心こそ　おもひやられてかなしかりけり（この世に残していくみどり子の気持ちが思いやられて悲しい）」

歌は我が子への愛惜の情が満ち満ちて哀しい。その辞世は言うまでもない、又兵衛への思いを詠んでいるのである。

＊

『山中常盤物語絵巻』の後半は、義経の盗賊への仇討ちである。仇討ちの物語といえば、現在では「忠臣蔵」だが、戦国時代後期から元禄時代にかけては「山中常盤」だった。

絵巻には義経の怨念が渦巻く。そして義経に又兵衛が乗り移ったかのような過激な描写となる。

母常盤が惨殺された宿屋の〝離れ〟に、義経は盗賊どもをおびき寄せた。盗人がもろ膝ついて殴りかかるところを、義経は激しく刀を振るって、首を打ち落とす。両手を天にかざし、「攻口の六郎」はまだ縁側にのけぞるように足で踏ん張っているのに、首は血しぶきを上げて、すでに転がり落ちている。

残る五人も、槍を吹っ飛ばされて、体を真っ二つに割られ、逃げればたちまち追いつかれて、鋭い太刀に心臓をえぐられた。六人はアッという間に殺害され、いずれも首と胴、また体を断ち切られた。

怨念の凄まじさを又兵衛は描ききる。母の命を奪った信長をはじめ、成敗奉行や母の首をはねた者たちへの憎しみを、この画面にぶつけたのだ。

でも又兵衛の怨念は治まらない。遺体を俵《たわら》詰めにする。この者に墓などはいらぬ。激しく渦巻く激流に六つの俵を放り投げて、義経の仇討ちは完結する。

又兵衛は京都で絵を学んだ。一族の悲劇は又兵衛の心を去らず、母への思慕は源氏物語や官女図《かんにょず》、歌仙絵《かせんえ》などの美女となり、母を襲った悪夢は凄惨《せいさん》な常盤の地獄絵となった。人は又兵衛を〝怨念の画家〟と呼んだ。

又兵衛は自虐的と言おうか、それとも武家に生まれた宿命の果てか、こともあろうに、一族を皆殺しにした信長の息子である信雄《のぶかつ》に、御伽衆《おとぎしゅう》として仕えたこともあった。

しかし彼は武士を捨て、絵師となった。そして、絵筆によって母を奪った信長に復讐したのだった。

*

又兵衛の怨念が籠る『山中常盤物語絵巻』は怖い絵である。

ところが不思議なのは、山中宿で常盤御前が盗人どもに殺されたというのは、御伽草子のフィクションだということである。常盤御前は義経が兄頼朝と袂《たもと》を分かって京都から姿をくらました時、一時、身柄を拘束されている。おそらく山中宿で死んだ事実はないであろう。

それなのに、山中宿には常盤御前と乳母の墓がある。しかも『信長公記《しんちょうこうき》』には、常盤を殺した賊の子孫がいて、その罪の因果によって、体は不自由で乞食をしていたとある。

それは、こんな話である。


山中宿の道端で、雨露に打たれて物乞いをする男がいた。

信長は岐阜城と京都との行き帰り、その姿を見かけて哀れに思った。また、「乞食というものは普通、物乞いをして流浪し、住みかも定まらないはずなのに、なぜあの者はいつも同じ場所にいるのか」と、不審を抱いた。

そこで土地の者に尋ねた。すると「昔、この山中宿で、源義経の母である常盤御前が殺されました。あの者の先祖は盗賊で、それが殺したのです。だから子孫はその因果によって、体が不自由で、いつも同じ場所で乞食をしているのです。ここではあの者を〝山中の猿〟と呼んでいます」という返事が返ってきた。

天正三（一五七五）年六月二十六日のこと、信長は前の月に長篠《ながしの》の戦いで甲斐《かい》の武田勝頼《かつより》を大量の鉄砲で撃ち砕いて大勝利し、すっかり気分をよくして上洛する。

岐阜城を発つ間際、〝山中の猿〟を思い出し、木綿《もめん》二十反を自ら用意した。山中宿に入ると馬を待たせて、宿場の男女すべてを呼び集め、その反物をかざした。

「皆の者、この反物半分で、誰かがこの者のために、家の隣に小屋を作ってやってはくれまいか。この者を雨や寒さから守ってやりたいのだ」

そしてまた、こうも言った。

「皆の者よ、後の反物半分で、この者が餓死せぬようにして欲しいのだ。春には麦をやってくれ。秋には米をやってはもらえまいか。一年二度ずつ、毎年安心して暮らせるように、この乞食にやってもらえれば、予は嬉しく思う」

あまりにも意外な信長の思し召《おぼめ》しに、乞食も宿場の者たちも感激にむせび、供の者たちももらい泣きしたという。

何とも不思議な話である。

虚構の世界から、不幸を背負って歴史の世界へ飛び出し、信長から温情を受けた乞食が戦国時代に確実にいたのだ。

それにしても、又兵衛が信長に母を殺された恨みからのめり込んだテーマが、この「常盤御前の悲劇」であり、さらにその信長がまた、常盤御前を殺した盗人の子孫をかばったというのは、背筋が凍るような偶然である。

17

「大坂夏の陣」のゲルニカ

——豊臣秀頼

近代を代表する画家・ピカソの作品に、祖国スペインの内乱の惨禍《さんか》を、怒りをもって描いた《ゲルニカ》がある。

一九三七年四月二十六日、フランコ側を支持するナチス・ドイツ軍が、バスク地方の小都市ゲルニカを無差別に爆撃し、住民七千人のうち一千六百五十四人が死に、八百九十九人が負傷した。

その不条理を白・黒・灰の色調でもって描き出す。死んだ子を抱き締める母親、天に向かって叫ぶ女、苦悶《くもん》する遺体、いななく馬、シュールで怪異《かいい》な縦三百五十センチ、横七百八十センチの壁画いっぱいに、民衆が巻き込まれる都市戦争の非道を痛烈に告発する。

都市での戦争はどの国、いつの時代にあっても、罪もない民衆を巻き込んで、財産も、数知れぬ命をも奪い去る。

戦国の幕開けとなった応仁・文明の大乱では京都の町が戦場になっただけに、民衆は戦火で家を失い、多くが死んだ。だがこの大乱をはるかに上回る損害を出したのが、豊臣家が滅びた大坂夏の陣である。

広島・長崎の原爆投下や東京大空襲など太平洋戦争では、日本各地の都市で、大量の死者を出した。これはアメリカとの対外戦だが、内戦における死者は、大坂夏の陣が最大で十万人を超える。それも死んだ多くが武士や足軽《あしがる》ではなく、老人・女・子どもの非戦闘員だった。

*

この悲惨を描いた、大坂版《ゲルニカ》と呼ぶにふさわしい絵画がある。『大坂夏の陣図屏風《ずびょうぶ》』である。

夏の陣を画材にした屏風絵は何種類かあるが、《ゲルニカ》の悲劇を見事なまでに描き出したのは、現在の大阪城天守閣が所蔵する「黒田屏風」である。

色彩も豊かに描かれるこの屏風は、左右一双で、それぞれが縦百五十・三センチ、横三百六十・七センチある。ピカソの《ゲルニカ》より小ぶりだが、画面には実に五千七十一人もの人物が描き込まれている。馬も三百四十八頭いる。乱立する幟《のぼり》は一千三百八十七本に上る。武器は槍九百七十四本、弓百十九張、長刀三百六十八振、鉄砲百五十八挺が克明に描写され、見る者を圧倒する。

この屏風絵は、夏の陣に徳川方として参戦した筑前福岡藩五十二万石の黒田長政《ながまさ》が、戦勝記念に戦後まもなく、家来や絵師に命じて描かせたものとされる。

絵は右から左へと、次第に時間が経過する形で描写され、手前の人物は大きく、奥の人物は小さく描かれている。

*

慶長二十（一六一五）年五月七日、四天王寺《してんのうじ》を挟んで、徳川方と豊臣方が睨《にら》み合う正午過ぎの状況から、場面は始まっている。

住吉大社《すみよしたいしゃ》の近くにいる徳川家康は、甲冑《かっちゅう》姿で馬上にあり、伝令に指示を与えている。東の岡山口には将軍秀忠の勇姿がある。馬上から敵の兜首《かぶとくび》三つを検分中である。

四天王寺での睨み合いの緊張が崩れ、鉄砲隊が撃ち合い、次いで弓矢の応酬となり、先頭が前進し、槍合戦へと突入の後、敵味方入り乱れて白兵戦《はくへいせん》となる様子が活写される。

戦いは三、四時間かかって、徳川方が押し、豊臣方は大坂城へ追い戻される。

＊

ところで大坂の戦いは夏の陣の前年、十一月と十二月に冬の陣があった。

家康が自分の目の黒いうちに豊臣秀頼を滅ぼし、徳川家の後顧《こうこ》の憂いを断とうとして百九十六大名、十九万四千人を動員して大坂城を攻めた。しかし秀吉が、秀頼のために三の丸を増設し、二キロ四方を水堀や川、空堀で囲っていたため、大坂城郭《じようかく》はビクともしなかった。

しかも、真田《さなだ》幸村《ゆきむら》の築いた出城・真田丸の見事な戦いが称賛されるように、十三万の兵力で籠城した豊臣方には余裕があった。徳川方は攻めあぐね、焦ったのは家康だった。

だが家康は老獪《ろうかい》だった。大坂城を支配するのは秀吉の側室で秀頼の母である淀殿《よどどの》で、家康はその性格を見抜いていた。そこで淀殿を心理的に追い詰める作戦に出た。

それは淀殿の御座所を狙って大砲を打ち込むことだった。家康は夜中も撃たせた。

その音に淀殿は眠れなくなる。それだけではなく、砲弾が淀殿の居間の櫓《やぐら》を打ち崩し、侍女七、八人が死んだ。こうなると淀殿は目先の恐怖におののいて、すっかり弱気になった。

淀殿には父浅井長政《あさいながまさ》を失った小谷《おだに》城の陥落、また母お市の方が死んだ北ノ庄《きたのしょう》城の悲劇があり、その時の恐怖が重なって、周囲が止めるのも聞かず、「何が何でも和睦《わぼく》をいたす」と言い張った。

この和睦で家康は七万人の兵士を動員して、大坂城の外濠《そとぼり》も、和睦条件になかった内濠も強引に埋めさせた。

なりふりかまわない、アッという間の埋め立てだった。平成十五年の大手前三の丸水堀跡の発掘調査で、堀底から障害物を格子状《こうしじょう》に設けた堀、障子堀《しょうじぼり》が検出された。その堀は幅二十五メートル、深さ六メートル、長さ百六十メートルもあり、堀の内側の壁面にトーチカ（銃座を備えた防御陣地）もあった。

秀吉が考え抜いた、すぐれた防御施設である。そうしたものも埋められた。豊臣方からの抗議を押しきっての強行埋め立てだっただけに急いだのであろう。人骨や馬の骨まで発掘調査で出土した。人骨は埋葬された老女で、埋め立ての土に困って、墓場の土を遺体ごと投げ込んだのであろうか。そのあわてぶりがうかがえる。こうして大坂城は裸城になってしまった。

だから夏の陣は豊臣方にとって、城を出て戦う他はなかった。真田幸村が家康の首だけを狙って本陣に斬《き》り込んだ。家康の旗が崩され、旗本隊が逃げまどう無様《ぶざま》な中で、家康も一時死を覚悟した。そんな幸村の武勇もあったが、裸城をよりどころとする豊臣方に勝ち目はなかったのである。

*

午後三時頃、豊臣方五万五千を撃破した十五万五千の徳川軍は、大坂の町に突入してきた。当時、九万軒の人家があり、人口は二十万人と推定される。三十万人の京都に次ぐ日本第二の大都市だった。二十万人のうち四、五万人が豊臣家の家来で、人口の半数を超えるぐらいが武士とその家族で、残りが商人・職人とその家族だった。

戦乱の怒濤《どとう》は一気に都市大坂を襲う。

「黒田屏風」は右隻《うせき》の左端上方に、鷺《さぎ》と虎の金蒔絵《きんまきえ》を黒壁にあしらった五層の大天守を配し、本丸内の千畳敷御殿《せんじょうじき》、四層の白亜《はくあ》の櫓などを細密《さいみつ》に描く。すでに本丸の下まで敵が迫ってきている。

大天守の二層目、三層目に目をこらすと、そこの小窓から、外を不安げにのぞく女性たちの顔が描かれている。

民家を焼く火と煙が到るところから立ち上《のぼ》る。夕方、淀殿は千畳敷御殿を出て、天守閣に入る。秀頼、それに秀頼の妻で家康の孫娘・千姫も一緒だった。城と運命をともにすると言い張っていた淀殿だが、死が迫ると恐怖心も手伝い、生きたいとの思いに変わる。

淀殿ははじめ、千姫が逃げ出すのではないかと疑念を抱き、着物の裾を掴《つか》んで離さなかった。だがいまは命を千姫に託すしかないと、千姫を城外に出したのである。

千姫は父秀忠の陣にたどり着く。「なぜ生きてここに来た」と秀忠は冷たくあしらったが、家康は孫娘の無事を喜んだ。だが秀頼・淀殿の助命嘆願は受け入れられなかった。

そして、大坂城に最後の時がやってくる。

戦いに敗れた将兵が次々に逃げ帰ってくる。渡辺内蔵介糺《くらのすけただす》もその一人だった。糺の母は正栄尼《しょうえいに》といい、秀頼に槍を指南した女丈夫で、淀殿に近侍していた。

敵は城を囲み、放たれた火矢によって、本丸内の到る場所から火の手が上がる。母は帰還した息子に「死に場所を失うは武人の恥です」と冷ややかに言い放ち、「我はそなたの切腹の介錯《かいしゃく》をいたそうぞ」と、死に際の潔さを促した。母を敬ってきた糺も十分承知していた。

母は鉢巻きをし、着物を襷《たすき》がけにすると、死の準備をした息子の後ろに回った。すでにむき身の太刀《たち》を手にしている。

「あの世で再び会いましょうぞ。そなただけを一人で旅立たせはせぬ」

そう言って母は念仏を唱えた。糺が腹を見事に切るのを見届けて、白刃を息子の首へ打ち降ろした。見事な介錯であった。

母は懐剣を取り出すと、血の海の中に座り、懐剣を自分の喉《のど》に突き立て、息子の上に折り重なって伏し、絶命した。

正栄尼のこの姿を見て、侍女たちが次々に自害する。

淀殿は秀頼とともに天守閣を出た。側近の大蔵卿局《おおくらきょうのつぼね》、宮内卿《くないきょう》らに守られ、月見矢倉、さらに蘆田曲輪《あしだくるわ》へと避難する。

キリシタン史料『日本年報』は、天守閣はこれを守備していた何人かの者が放火して燃え上がり、その火が保管してあった大量の火薬に引火した瞬間、激しい揺れと爆発音をともない城櫓すべてを空中に吹き飛ばした。その音響は数里離れた場所でも聞こえた、と述べる。

天守閣にいた大勢の侍女らは、爆発に巻き込まれてともに吹っ飛び、火災を逃れようと逃げまどい、城壁から飛び降りて、その体は地面の石に砕かれて即死した。

夜、城の方から火が風によって、城下町に吹かれて、太閤秀吉が愛し慈《いつく》しんだ大坂城下町は壮大な火の海と化す。

火勢が発する物凄い音は、勝者にさえ大変な恐怖を与えた。その夜が明けていく。敗者たちの大坂脱出が始まる。

*

「黒田屏風」左隻《させき》はまさに敗残の兵と避難民が渾然一体《こんぜんいったい》となって、高槻《たかつき》・京都方面に逃げる様を描く。勝者は執拗《しつよう》に金品を奪い、女を拉致し、敗残兵の命を奪おうとする。《ゲルニカ》の悲惨を、残酷なまでに描ききる。

大坂城では本丸のすぐ下にある蘆田曲輪の朱三櫓《しゆさんのやぐら》に、淀殿・秀頼は隠れていた。朱三櫓とは食糧を蓄える糒蔵《ほしいぐら》で、すぐ外にすでに敵がひしめいていた。

千姫に託した望みが絶望的なのを悟った淀殿は、最後は潔く死のうと決意する。

秀頼は「自害の後、死体を深く隠すべし」と下知《げじ》し、「速水《はやみ》甲斐守は母君の首を討て。氏家内膳《うじいえないぜん》（荻野《おぎの》道喜《どうき》）は我を介錯せよ」と命じて、外部の備えを厳重にさせた。

かくて秀頼と淀殿は自刃し、朱三櫓に火が放たれる。秀頼二十三歳、淀殿は四十九歳だったという。

この日八日を現在の暦に直すと、一六一五年六月四日ということになる。豊臣家が滅びた日、民衆は恐怖の極限の中にいた。

家康は京都方面の道をわざと開けていた。完全包囲すれば、死地を求めて斬りかかってくる敵兵によって、徳川軍に甚大な人的被害が出ることが予想できたからである。

その道には、身の回りの物を箱に入れて頭に載せ、杖にすがる婦人がいる。母親は女の子をおぶい逃げてゆく。武士の夫人は疲れきった表情で馬にまたがり、群衆の流れに身を任せる。若い武士は父親に違いない、旗指物をつけた甲冑姿の老人を背負っている。むき身の刀を手にして、ふんどし一つで走る若い男もいる。

やがて彼らに第一の難儀が待っていた。淀川《よどがわ》（現在は大川《おおかわ》という）である。天満橋《てんま》は夏の陣を前に、敵の侵入を防ぐため、豊臣側が焼き落としていた。

川幅は現代より広く、流れもあり、水量も豊富で深く、当時の記録では、大人の胸の辺りまで深さがあったという。

「黒田屏風」には、水に流されまいとして、焼け残った橋げたに風呂敷包《ふろしきづつ》みを手にしてしがみつく老女が描かれる。母と娘たちであろうか、四人の女性たちが一緒に川に入ったが、流れが急で、水中から突き出した、焼け残りの橋げたにしがみついている。その手前に、力尽きて溺れる寸前の若い女性が見える。周囲に多くの男女がいるが、皆自分が川を渡るのに必死で、相手を顧《かえり》みる余裕などない。向かいの岸辺では九曜紋《くようもん》や蝶紋《ちょうもん》の幟を掲げた徳川方の兵が、川に入って鉄砲で渡ってくる敗残兵を撃ち殺そうとしている。また川の中でも、槍・刀を振るって小競《こぜ》り合いが始まっている。

少し上流では避難民が小舟で渡ろうとしている。だが小舟は見る見るうちに満杯になった。岸を離れた舟にそれでも乗ろうとして水中に飛び込んだ女を、舟上から男が

日本史上最大の内戦！
——戦死、虐殺、溺死による死者十万人！

突き放そうとしている。別の舟では夫なのだろうか、坊主頭の男が、髪の長い女を両手で舟にすくい上げるのに懸命である。着岸を目の前にして舟が転覆し、女も鎧《よろい》をつけた武士もが腹を見せた舟に必死にしがみつく。

さらには武家の女であろう。白馬に二人乗りして川を渡る。こうした命がけの渡河が、切迫感をもって生々しく表現されている。

淀川は墓場と化し、川底は死体で埋もれて、向こう岸に渡ろうとすれば、死体の上を歩かねばならなかったと、キリシタン史料は記す。

岸に上がれば、統制を失い略奪を公然と繰り返す徳川軍の兵士たちがいた。逃げる敵兵に鉄砲をぶっ放す。首を落とされた夫の体にすがりつく妻。ある武士は、市井《しせい》の男の背中をつかまえ、首を取ろうとしている。いかめしい武士の首は怖くて取れない意気地のない武士が、罪もない市民の首を取って、武士の首だと偽申告するのであろう。

一方では鎧武者をやはり鎧を着た武士が殺す場面が描かれる。左手が切られて落ち、さらに首をはねて、血しぶきが上がる。ともに残酷の極みである。

女、年寄り、子どもの区別なく、この弱者から勝者の兵士どもは家財道具を奪い取り、身ぐるみを剥《は》ぐ。

天満天神を過ぎれば、長柄《ながら》川（新淀川）の難儀が淀川同様に待ち受ける。何とかこの川を越えられても、まだ安全の保障はない。

葵紋《あおいもん》の背旗をつけた武士どもが、赤地に金の州浜《すはま》模様、緑の花柄をあしらった小袖の若い女性の手を、両方から掴み、どこかに連れ去ろうとしている。また、いままさに女が帯をもぎ取られ、雑兵に犯されようとしている。若い女たちは強姦《ごうかん》され、老いた女は着ているものを奪われた。

略奪する徳川方兵士に慈悲の心などない。「せめて腰巻だけは剥がないで……」と手を合わせ、懇願しても無駄である。腰巻を剥ぎ取られた女は前を稲束《いなたば》で隠している。子どもの手をつなぐ母親は裸である。

ある者は繁みや小屋に隠れて被害を逃れ、やれやれと思うまもなく今度は神崎川《かんざきがわ》にぶちあたる。川幅は狭く、やっと渡りきったものの、安心はできなかった。野盗の群れが待ち受けていたのだ。

上半身裸の盗賊たちは、長棒を振り回して避難民を威嚇《いかく》する。男に馬乗りになって着物を剥ぎ取る。裸にされて命乞いする女もいる。ここでも殺された男のそばを離れようとしない女が描かれる。

軒下で奪った行李《こうり》や葛籠《つづら》、風呂敷包み、兜や着物を積んで、野盗の頭目《とうもく》は槍を片手に得意顔を作る。

逃亡はいつ果てるとも知れない恐怖の連続であり、修羅場は繰り返しやってきた。

同時代史料であるコーロス神父の記録では、海に流れた死体で、船の櫂《かい》が引き込まれ、漕ぎ手は自由を失った。戦死、虐殺《ぎゃくさつ》、溺死《できし》によるすべての死者は十万人に上ったとする。またイギリス商館員の手紙は十二万人が虐殺されたと言っている。

大坂夏の陣は日本史上最大の内戦だった。そして市民が甚大な被害をこうむった。

*

「黒田屏風」の絵師たちはただ単に、戦闘の描写だけに終始しなかった。屏風の左隻では、全部を使って、敗者豊臣方と市民たちが体験した修羅の地獄を再現した。

彼ら絵師にどれだけの信念があったかどうかはわからない。だが画面は「反戦」の鮮烈なメッセージに溢れる。

戦国の世の終わり、江戸時代初期、それはピカソが《ゲルニカ》を描いた時から約三百年も昔に遡《さかのぼ》る。そんな昔に、このような絵が日本で描かれていたことに、大きな驚きを覚える。

＊参考文献

『改訂　信長公記』太田牛一著・桑田忠親校注（新人物往来社）／『太閤記』小瀬甫庵著・桑田忠親校注（同発行）／『川角太閤記』太閤史料集、川角三郎右衛門著・桑田忠親校注（人物往来社）／『天正記』太閤史料集、大村由己著・桑田忠親校注（同発行）／『備前軍記』『備中兵乱記』『兒島常山軍記』吉備郡書集成（吉備郡書集成刊行會）／『北越軍談』『上杉三代日記』『久知軍記』上杉史料集、井上鋭夫校注（新人物往来社）／『別所長治記』中国史料集、米原正義校注（人物往来社）／『雑兵物語』『おあむ物語』中村通夫・湯沢幸吉郎校訂（岩波文庫）／『改正三河後風土記』成島司直改撰、桑田忠親監修（秋田書店）／『黒田家譜』貝原益軒編（歴史図書社）／『新編　藩翰譜』新井白石（人物往来社）／『新訂　寛政重修諸家譜』（続群書類従完成会）／『津軽藩旧記伝類』青森県文化財保護協会編（国書刊行会）／『貞亨版　黒木物語』和田重雄編著（同発行）／『定本　常山紀談』湯浅常山著・鈴木棠三校注（新人物往来社）／『定本　名将言行録』岡谷繁実（同発行）／『十六・七世紀　イエズス会日本報告集』松田毅一監訳（同朋舎）／『大坂冬の陣図・大坂夏の陣図』戦国合戦絵屏風集成（中央公論社）／『岩佐又兵衛絵巻（山中常盤物語絵巻・堀江物語絵巻・浄瑠璃物語絵巻）』ＭＯＡ美術館編（エムオーエー商事）／『増訂　織田信長文書の研究』奥野高廣（吉川弘文館）／『荒木村重史料』八木哲浩編（兵庫県伊丹市役所）／『佐々成政関係資料集成』浅野清編著（佐々成政研究会）／『家康の族葉』中村孝也（講談社）／『明智光秀』高柳光寿（吉川弘文館）／『光秀行状記』明智滝朗（中部経済新聞社）／『史伝　黒田如水』安藤英男（すずき出版）／『豊前宇都宮興亡史』小川武志（海鳥社）／『定本　千利休　その栄光と挫折』桑田忠親（角川文庫）／『利休の死』小松茂美（中央公論社）／『別所氏と三木城合戦』福本錦嶺編（別所公四百年祭記念誌編集委員会）／『検証　柴田勝家』青園謙三郎（日刊県民福井）／『上杉景勝のすべて』花ヶ前盛明編（新人物往来社）／『正伝　直江兼続』渡邊三省（恒文社）／『悲運の知将　佐々成政』遠藤和子（学陽人物文庫）／『一六一四・一五年、大坂夏の陣と日本の教会』ジョセフ・シュッテ、「キリシタン研究第17輯」（吉川弘文館）／『奇想の系譜』辻惟雄（ちくま学芸文庫）／『岩佐又兵衛　浮世絵をつくった男の謎』辻惟雄（文春新書）／『岩佐又兵衛』日本アートセンター編（新潮日本美術文庫）／『謎の武将荒木村重と伊丹城』香村菊雄

（神戸新聞出版センター）／『龍造寺隆信』川副博（人物往来社）／『大垣城物語』清水春一（大垣市文化財保護協会）／『岸岳城盛衰記　波多氏の栄光と哀歌』山崎猛夫（第一法規出版）／『広島市史』広島市役所編（名著出版）／『北波多村史』北波多村史編纂委員会（佐賀県東松浦群北波多村）／『武州公秘話』谷崎潤一郎全集第13巻（中央公論社）／『利休大事典』千宗左・千宗室・千宗守監修（淡交社）／『考証　織田信長事典』西ヶ谷恭弘（東京堂出版）／『戦国武将合戦事典』峰岸純夫・片桐昭彦編（吉川弘文館）／『芸術新潮04年10月号』特集・血と笑いとエロスの絵師岩佐又兵衛の逆襲（新潮社）／歴史群像シリーズ『織田信長【天下統一】の謎』（学習研究社）／別冊歴史読本『織田信長　その激越なる生涯』『完全検証　信長襲殺』『豊臣秀吉　その絢爛たる一生』『秀吉が愛した女たち』『戦国名将の夫人と姫君』（新人物往来社）

本書は、小社より刊行された単行本『戦国武将の「怖い話」』を、
文庫収録にあたり再編集のうえ、改題したものです。

楠戸義昭（くすど・よしあき）
一九四〇年、和歌山県に生まれる。立教大学社会学部を卒業後、毎日新聞社に入社。学芸部編集委員を経て歴史作家に。
主な著書に『戦国武将「まさか」の凄い戦略』『戦国武将　怖い話、意外な話』（以上、三笠書房《知的生きかた文庫》）、『城と女　上巻・下巻』『日本人の心がみえる家紋』『戦国女系譜　巻之一・巻之二』（以上、毎日新聞社）、『山本八重　銃と十字架を生きた会津女子』（河出書房新社）、『知識ゼロからの「日本の家紋」入門』（幻冬舎）、『大奥炎上　江戸城の女たち』（大和書房）、『城と姫　泣ける！　戦国秘話』（新人物往来社）などがある。

知的生きかた文庫

戦国武将《せんごくぶしょう》の本当《ほんとう》にあった怖《こわ》い話《はなし》

著者　楠戸《くすど》義昭《よしあき》
発行者　押鐘太陽
発行所　株式会社三笠書房
〒一〇二―〇〇七二　東京都千代田区飯田橋三―三―一
電話〇三―五二二六―五七三四〈営業部〉
〇三―五二二六―五七三一〈編集部〉
http://www.mikasashobo.co.jp
印刷　誠宏印刷
製本　若林製本工場

ISBN978-4-8379-8229-6 C0121